[英国] 格雷厄姆 · 普里斯特 著　史正永 韩守利 译

简明逻辑学

牛津通识读本 ·

Logic

A Very Short Introduction

译林出版社

图书在版编目（CIP）数据

简明逻辑学／（英）普里斯特（Priest, G.）著；史正永，
韩守利译．—南京：译林出版社，2013.5（2026.1重印）
（牛津通识读本）
书名原文：Logic: A Very Short Introduction
ISBN 978-7-5447-2983-3

Ⅰ.①简… Ⅱ.①普… ②史… ③韩… Ⅲ.①逻辑学
Ⅳ.①B81

中国版本图书馆 CIP 数据核字（2012）第 133401 号

著作权合同登记号 图字：10-2024-372 号

简明逻辑学 ［英国］格雷厄姆·普里斯特 ／ 著 史正永 韩守利 ／ 译

责任编辑 於 梅
责任印制 董 虎

原文出版 Oxford University Press, 2000
出版发行 译林出版社
地 址 南京市湖南路 1 号 A 楼
邮 箱 yilin@yilin.com
网 址 www.yilin.com
市场热线 025-86633278
排 版 南京展望文化发展有限公司
印 刷 江苏凤凰通达印刷有限公司
开 本 890 毫米 × 1260 毫米 1/32
印 张 8.75
插 页 4
版 次 2013 年 5 月第 1 版
印 次 2026 年 1 月第 26 次印刷
书 号 ISBN 978-7-5447-2983-3
定 价 39.00 元

序言

鞠实儿

在我学习生涯刚开始时,父亲就对我说:“读书首先要细读序和跋,其中包含的知识会帮助你理解书的内容。”多少年过去了,现在轮到我来为书作序了,目的当然是为读者把握全书提供条件。

如何做到这一点呢? 途径大致有二:其一,微观法。通过对其组成部分及其相互关系的描述, 揭示篇章间的前后关照,展现全书的结构,让人易于对书的内容入木三分。学人曰:慎思。其二,宏观法。借助一个超越其内容的“宏大”叙事,烘托出全书背景,由此催发阅读心态在时空中扩张,让人易于自我感觉登高望远。学人曰:反思。

《简明逻辑学》一书(以下简称本书)概要地介绍了现代逻辑的两个主要组成部分即演绎逻辑和归纳逻辑的基本概念,分别涉及到:命题演算、谓词演算、模态逻辑、条件句逻辑、时态逻辑,以及归纳概率逻辑和决策逻辑等多个逻辑分支。其中各个章节都起始于直观案例的分析,采用基于自然语言的论证阐述相关逻辑分支的主要原理,并且在内容上相对独立。因此,本书旨在给予初学者关于逻辑研究对象和内容的整体性观念。而一个整体只有放到另一个更大的整体中才能充分地显示它的整体特征。所以，本序言将采用宏观法，阐明逻辑的观念与谱系，逻辑与文化的关系，以及逻辑学的问题与演进，进而展现作为本书主题的现代逻辑在逻辑谱系和人类文明中的作用和地位。

“逻辑”一词指称一类对象，逻辑学是关于逻辑的理论。问题是：被称为逻辑的那一类对象是什么，即逻辑是什么？按“词的意义就是它的用法”这一标准，研究者必须按照词的实际用法来回答问题。回答这一问题有两种方法：其一，考虑某个人或某群体对该词的用法。由于这涉及到如何选择研究对象，故可称为主观法。其二，考虑在使用该词的广泛人群中该词的各种不同用法。由于对研究对象的限定独立于研究者的态度，故可称为客观法。此处主观与客观之分不具褒贬之意。由于本序言采用宏观法，试图超越某个研究者和流派，给出逻辑及其理论的整体图景，所以运用客观法探讨“逻辑”一词的意义。不过，为了避免任意性，我们主要考虑人们时常使用的各种用法。

虽然观点不尽相同，包括本书作者在内的许多逻辑学家都对“逻辑”一词的各种用法进行了讨论。其中，比较有影响的是德国的西方逻辑史家肖尔兹（Scholz），在《简明逻辑学史》（张家龙译，商务印书馆 1977 年出版）一书中，他使用“逻辑”一词分别指称六种不同的逻辑类型。第一种是起源于亚里士多德（Aristotle）的形式逻辑的古典类型，本书第 14 章将谈及它的历史地位。第二种是所谓的扩展的形式逻辑，它由王港逻辑的作者（1662）和兰贝特（Lambert）（1764）在亚里士多德形式逻辑系统中加入方法论、语义学和认识论等新东西而成。在第三种用法中，逻辑指最广义的获得科学认识的工具的理论。第四种类型可称为归纳概率逻辑，本书第 10 章至 13 章专门对它进行了介绍。第五种是思辨逻辑，它的代表是黑格尔（Hegel）和康德

(Kant),在前者看来,逻辑是关于自在自为的理念的科学,主要涉及到本体论和认识论;后者主要研究判断的认识论内容。第六种就是起源于弗雷格(Frege)和罗素(Russell)的形式演绎逻辑的现代类型,包括经典数理逻辑及其扩展系统,如模态逻辑系统等,和非经典逻辑系统,它恰是本书介绍的重点。

近三十年来,北美和欧洲的逻辑学家已经发展出逻辑的一个新分支——非形式逻辑,它是分析、解释、评价和构建日常论证的规则。它之所以被称为"非形式",这主要是因为这些规则并不依赖于形式逻辑的有效性概念,而是建立在语用合理性概念的基础上。为了分类的完整性,我们称上述逻辑中以有效性概念为基础的逻辑为形式的逻辑,它主要包括传统的亚里士多德演绎逻辑和现代演绎逻辑等;其余的称为广义非形式逻辑,它主要包括非形式逻辑、归纳逻辑和思辨逻辑等。值得一提的是:当我们发明一种被我们乐意称之为逻辑的东西时,"逻辑"一词也就有了另一种用法。问题只是这种新的用法在多大程度上为人们所使用。

现在,让我们把目光转向西方文化之外更为广阔的天地。在讨论非西方文化或比较西方和非西方文化时,人们常常提及如下词汇:中国古代逻辑、印度佛教逻辑和伊斯兰逻辑,甚至还有阿赞得(Azande,一个非洲黑人部族)逻辑等等。相对于西方传统,中华文明背景下的逻辑具有不同的目标、主导推理类型和推理成分的分析,例如墨家逻辑。绝非巧合地,人们也发现起源于印度文明的佛教逻辑与隶属于西方文明的逻辑具有实质的区别。一些学者指出:人类学家对偏远地区居民思维习惯的研究揭示,我们所接受的逻辑规律只具有局部而非普遍的权威,某些边远地区居民具有与我们不同的逻辑。维特根斯坦

(Wittgenstein)后期著作甚至包含这样的想法:可能存在与我们不相容的语言游戏或生活形式,它使用的逻辑规则和推理程序与我们所认可的有实质的区别。这一切表明:“逻辑”一词可用来谈论非西方文化中的那些与西方文化中的逻辑不同的东西。它向我们暗示的结论只有一个,那就是:不同的文化可以有不同的逻辑。由此可得如下逻辑谱系:

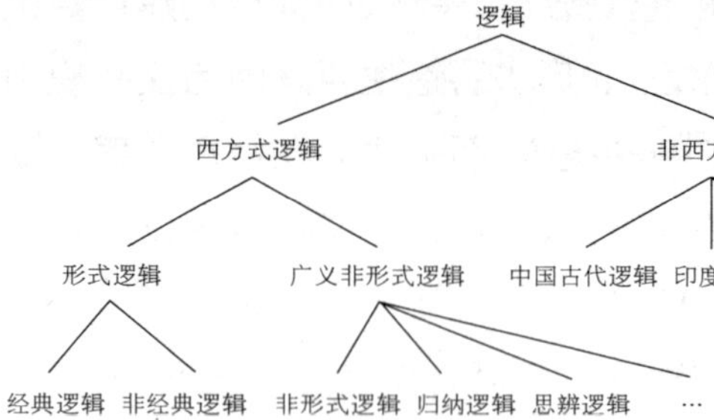

上述谱系枚举了“逻辑”一词的已知主要用法,它是否能看作“逻辑”一词用法的枚举定义?是否能够从中抽象出各种用法的共同特性,从而给出“逻辑”一词的本质主义定义?我本人在《逻辑学的问题与未来》一文中(《中国社会科学》,2006 年第 6 期)得到的结论表明:即使仅仅针对谱系中西方逻辑这一部分,传统的逻辑定义也无法给出它们的共同特征,进而给出一个局部适用的定义,更不用说满足整个谱系了。退一万步,假定我们能够给出“逻辑”一词用法的严格定义,使之覆盖谱系中所有成员,这也不禁止我们超越该定义用一种新的方式使用“逻辑”一词。正如维特根斯坦在《哲学研究》(1953)一书中指出:“我可以对概念‘数’做出严格的限定,也就是把‘数’这个词用作一个严格限定的概念,但是,我也可以这样来使用这个词,使这个概念的外延并不被一个边界所封闭。而这正是我们使用‘博弈’一词

的方式。"这就是说：词的用法的谱系是可延展的，它构成了一个开放类，一旦谱系延展，原先的严格定义或限定都自动消亡！事实上，概念和词义的生成和变化的历史已经反复印证了这一观点。因此，我们既不能从逻辑谱系得到所要求的本质主义定义，也不能得到枚举定义。

但是，这绝不意味着完全无法刻画"逻辑"一词的用法。我们通常采用描述手段给出相关用法的典型特征。但是，这些特征至多为已有的各种用法所具备，并不构成所谓的严格定义。常见的典型特征有：(1)构造有效论证的规则；(2)思维形式及其规律。尽管(1)给出了本书第2-8章所涉及的逻辑类型一和六的典型性特征，但它显然忽略了谱系中的非形式逻辑。其次，本书第8章介绍的时态逻辑和第11-13章所涉及的基于概率频率解释的归纳逻辑，它们都具有本体论背景，讨论客体的性质，无论如何不满足(2)。然而，依据这些典型特征所做的分类可以局部地刻画了某一逻辑学分支或已知逻辑类型，可以指导局部范围内的研究工作。因此，基于这些特征的局部的逻辑定义依然有其价值。

进一步，从人类文明和社会发展的角度看，将逻辑仅仅理解为有效论证的规则以及思维的形式和规律，这或多或少有失偏颇。事实上，人类最普遍的社会交往活动之一就是论辩。在论辩的过程中，论辩者以某种方式通过语言促使论辩参与者采取或抛弃某种立场。论辩是一种特殊的语言博弈，而逻辑则为这种语言博弈提供规范。如所周知，从莱布尼兹、维特根斯坦、欣提卡(Hintikka)到山渡(Sandu)，一直以来有不少学者从语言博弈的角度刻画逻辑。近年来，本森姆(Benthem)等倡导用逻辑来刻画博弈。不仅如此，我和我的合作者的工作表明：相当一部分形式的逻辑可以用语言博弈严格地描述。这一想法的洞察力在于：当我们独自一人写下某命题的证明时，另一个与之矛盾的命题被反驳了，而我们不能同时持有上述两个命题，因此，证明总是一个默认多主体的博弈。更一般地说，任何一个支持、辩护某个观点的过程都可类似地被视为一个博弈过程。由此可知，从博弈的观点出发有可能对逻辑做出更为全面和恰当的描述。

如所周知，中国古代逻辑、印度的佛教逻辑和希腊传统的西方逻辑，三者以各自不同的方式为不同的文化提供论辩的方法。但是，西方逻辑——无论是形式逻辑还是广义非形式逻辑——所考虑的论证仅默认了西方文化和源自西方理念的主流社会，它们无法覆盖逻辑谱系中他文化的论证。为此，我们引入所谓的“广义论证”概念：在给定的文化中，主体依据语境采用规则进行的语言博弈，旨在从前提出发促使博弈者或参与主体拒绝或接受某个结论。其中，主体隶属于文化群体，语言包括自然语言、肢体和图像语言等。按照上述定义，逻辑就是广义论证的规则（简称逻辑的广义用法或广义逻辑），逻辑学就是关于广义论证的规则的理论（简称广义逻辑学）。由于逻辑谱系中的成员均为证明、支持或辩护某个观点提供规则。因此，逻辑的广义用法或广义逻辑范畴确实覆盖了逻辑谱系中的所有成员。但是，由于“逻辑”一词用法的开放性，广义逻辑的定义——作为局部定义——依然不可能概括“逻辑”一词的所有用法。

不论人们如何对“逻辑”一词的各种用法和相互关系进行分析，不争的事实是：在人类文明中存在多种不同的逻辑类型，它们有各自的演变过程，且有多种发展的可能性。假定有一个逻辑类型，不论它先前是否存在，如果它取代另一逻辑类型而成为逻辑学最为关注的研究对象，则称这一历史事件为逻辑学转向。以下，我们将利用这一概念探讨逻辑学的过去、现在和将来。

如所公认，逻辑学史上第一个主流逻辑类型是亚里士多德逻辑。它的主要任务是给出一系列推理规则，规则的功能就是从给定的一些公理和假定得出科学定理。弗雷格认为，为数学奠定基础是逻辑学发展的首要目标。作为追求上述目标的结果，人们给出了一系列以“数理逻辑”一词标记的逻辑系统及其元理论，本书第 2–3 章将介绍它的一些初级概念。作为形式逻辑的现代类型，它在研究目标、理论内容和表达形式等方面完全不同于亚里士多德逻辑，并从上世纪初开始取代后者成为逻辑学研究的主流。我(同上)将这一切称之为：逻辑学在历史上的第一次重大转向，即逻辑学的数学转向。目前，这一方向上的逻辑学研究已经相当成熟。

很多学者注意到，几乎就在数理逻辑理论酝酿和发展的同时，逻辑学萌发出另一个发展方向：19 世纪中期，布尔(Boole)认为：“逻辑”一词在根本的意义上是指思维规律的科学。不仅如此，他还认为，在逻辑学中，思维的形式规律与代数相同。20 世纪初期，希尔伯特(Hilbert)的广义形式主义认为：思维是某种类型的证明；证明是根据作用在符号形状上的规则的符号转换。稍后，图灵(Turing)的工作表明：物理的机械可以执行一个一度被认为是心灵特有的操作。20 世纪中期，福多(Fodor)将图灵机与推理模型结合，提出形式符号加工作为所有认知行为的隐喻：心灵的计算理论。经过这样一个漫长的过程，人们终于认识到：可以运用图灵机隐喻来理解人类的认知过程。在信息科学时代，上述理论方向又被注入新的活力。20 世纪中后期计算机科学进入了知识处理和智能模拟阶段。构造逻辑系统描述

(高级)认知过程,进行知识表达与处理和研制新型软件,这已成为逻辑学研究的主流方向。根据这一切,我本人在上一世纪末指出:逻辑学正在经历它诞生以来的又一次重要的变化:从起源于弗雷格的以数学基础研究为背景的逻辑学,转向构造认知过程的规范性或描述性模型的逻辑学,这就是所谓逻辑学的认知转向。目前,这一方向上的逻辑学研究正在蓬勃发展。

从逻辑学史可知,对人类社会生活的关心是逻辑及其相关理论产生的主要动因之一。当今世界充满了基于文化差异的政治、经济和外交冲突。人类的理想是使用非暴力的手段解决所有由此而引起的危机。由于不同民族的文化有其独特的特征,经过长期的积淀,形成其各自的论辩和交流方式;它们提供了通过言语交流解决冲突的可能途径。逻辑的广义用法有一个突出优点,它允许我们从同一个角度研究一系列起源于不同文化的逻辑类型或论辩规则,为解决跨文化论辩问题提供理论基础。在这里,一个首要的逻辑哲学问题是:广义逻辑范畴中各种具有不同文化背景的逻辑具有合理性吗?我在《论逻辑的文化相对性》一文(《中国社会科学》,2010 年第 1 期)中表明:我们必须采取由澄清概念、建立假设和逻辑推理等诸多环节组成的当代研究方法回答问题。否则,根据当代学术传统,问题的解答不为人所认可。采用这一方法得到的结果是:(1)如果不事先接受人为的约定和假设,解题必陷于循环论证或无穷倒退;因此,对于任何文化中的逻辑,我们没有办法证明它具有绝对的或普适的合理性或不合理性;由此得到逻辑的文明平等原则:西方文化中的逻辑与其他文明中的逻辑一样,它们都没有绝对的超越的合理性。(2)如果事先接受这些约定和假设,那么我们可以证明:无论在元理论还是在对象理论层面上,从描述还是从规范的角度看，不同文化中的逻辑均相对于它所属的文化具有合理性。

既然从合理性评价的角度看，各种不同文化的逻辑是平等的，它们都相对于各自的文化背景而合理，那么只有通过平等对话的方式进行交流。然而，这一切只有通过了解对方的推理和论辩方式才有可能实现。因此，研究各民族的论辩和交流方式，并实现有效交际；探究不同的民族文化造成的人们在论辩方式上的差异，使跨民族的交流和相互理解成为可能，这是全人类面临的课题。这就要求我们将逻辑学研究的注意力从科学技术问题转向人类文化的差异和融合。由此引起的将是逻辑学的文化转向。目前，这一转向正在形成之中。至此，本序言的主体部分已经完成。

最后，我将对如何阅读本书译本提出建议。若将本序言看作本书译本的一个部分，后者可被誉为深入浅出。读者可以先读序言中关于逻辑学的三个转向的论述，接着按章节顺序阅读正文部分，然后再回过头来研究序言。这一切就犹如：新手出海之前先遥望陌生的远方，接着穿越平静的港湾，然后融入星空下放荡不羁的大洋！

谨以此书献给那些思考过逻辑学或
将要思考逻辑学的人

目录

前言

逻辑学是最古老也是最现代的学科门类之一。它始于公元前4世纪。比它更古老的学科只有哲学和数学,三者紧密相连。19和20世纪之交,逻辑学发生了变革,引入了新的数学技巧。过去的50年里,逻辑学在计算和信息处理方面起到了新的重要作用。因此,就人类思想和行为而言,逻辑学是一门中心学科。

这本书汲取现代逻辑学家的观点,对逻辑学作了简单介绍,但它并不是一本教科书。当今,这样的图书比比皆是。这本书的独特之处在于,它想要探寻潜藏在哲学深处的逻辑学之根源。在此过程中,形式逻辑学也得到了阐释。

我在每一章的开始都提出了一个特定的哲学问题或逻辑难题。然后我指出了一种解决方案。这一方案通常颇为标准,但某些时候,却没有标准答案:逻辑学家之间仍有分歧。在这样的情况下,我就只是选取了其中最为有趣的一种方案。对于几乎所有的方案(无论标准与否),都可以提出质疑。每章结尾,我都指出了方案存在的问题。有时候,这些问题是标准的,有时候却不是。有时候,答案很简单,有时候,答案不一定很简单。目的是为了激励你来作出回答。

现代逻辑高度数理化了。我写作的时候试图避免涉及数学。只有最后几章需要用到一点中学里学过的代数。你会需要掌握一些新的符号，但是，跟学习一门语言的基础知识相比，这简直不值一提。符号简化了复杂问题，使你更容易弄明白。但要提醒一点：读逻辑学或哲学书可不同于读小说。有时候，你得放慢速度，仔细地阅读。有时候，你得停下来想一想，还有在必要的时候要准备好回头读上一段。

本书的最后一章论述了逻辑学的发展。在这一章里，我将前文叙述过的一些问题放到一个历史背景之下，指出逻辑学是一门活生生的学科，它一直在发展，仍将继续发展。这一章也给出了推荐书目。

本书有两个附录。第一个是术语和符号表。你忘记名词或符号的意义的时候，可以查阅一下。第二个是每一章的相关问题，你可以用它来测试一下你是否理解了每一章的要点。

本书追求广度而非深度。每一章的论题都可以拿出来独立成书——真的，这样的书有很多。即便如此，本书里没有谈到的重要逻辑问题仍有很多。但只要你看完本书，你对逻辑学的基础就已经有了一个很好的掌握，同时你也能理解为什么人们愿意思考这门学科了。

第一章

效度:根据什么样的原因而得出什么样的结论?

大多数人喜欢自认为是有逻辑头脑的。告诉某人“你没有逻辑”通常是一种批评。没有逻辑就等于困惑的、混乱的、不理智的。但是逻辑又是什么呢?在刘易斯·卡罗尔[①]的《镜中世界》中,爱丽丝遇见了两个极具逻辑性又难以区分的人——Tweedledum和Tweedledee。当爱丽丝不能说话时,他们对她进行了挖苦攻击:

> “我知道你在想什么,”Tweedledum说道,“但现在却不是这样的,绝对不是。”
>
> “相反,”Tweedledee接着说道,“如果曾经如此,那就可能如此;如果现在如此,那就如此:但是现在不如此,那就不如此。这就是逻辑。”

Tweedledee做的——至少在卡罗尔的模仿滑稽作品

① 刘易斯·卡罗尔(1832—1898):查尔斯·道奇森的笔名。英国数学家和作家。以为娱乐朋友的小女儿而写的关于爱丽丝的书而闻名,它们是《爱丽丝漫游奇境》(1865)和《镜中世界》(1872)。——本书注释均由译者所加,以下不再一一说明。

中——是推理。并且，正如他所说，那就是逻辑。

我们都进行推理。我们设法根据所知道的进行推理，推断出为何如此。我们设法通过列出原因来劝说他人：某事就是如此。逻辑学研究的是什么可以算是某事的一个很好的原因，以及它为何是一个好原因。但是你必须按照某种方式来理解这一论断。以下是两点推理——逻辑学家称之为**推论**：

1. 罗马是意大利的首都，这架飞机在罗马着陆；因此，这架飞机在意大利着陆。
2. 莫斯科是美国的首都；因此，你不可能去了莫斯科而没有去美国。

在每一种情况下，"因此"前的断言——逻辑学家称之为**前提**——是陈述原因的；"因此"之后的断言——逻辑学家称之为**结论**——被认为是由这些原因所导出的。第一个推理很好；但第二个推理是不算数的，也不会说服任何有地理常识的人：因为前提——莫斯科是美国的首都——就是错误的。但是请注意，如果前提是真实的——比如说美国已买下了整个俄罗斯（而不仅仅是阿拉斯加）并且把白宫搬到莫斯科，离欧洲的权力中心更近——结论就会真的成立了。结论要由前提推导而出，这就是逻辑学所关注的。它可不关心一个推论的前提是对还是错。那是其他人的事（在这个例子中，是地理学家的事）。逻辑学只关心结论是否由前提推导而出。逻辑学家认为，结论确实由前提推导而来的一次推理是**有效的**。逻辑学的中心目标是理解效度。

你也许会认为这是一项非常枯燥的工作——一种吸引力不如解开纵横字谜的智力活动。但结果证明这不仅仅是一个非常难以解答的问题，还与许多重要的（有时是深刻的）哲学问题难以分开。随着讨论的展开，我们会看到这一点。现在，让我们

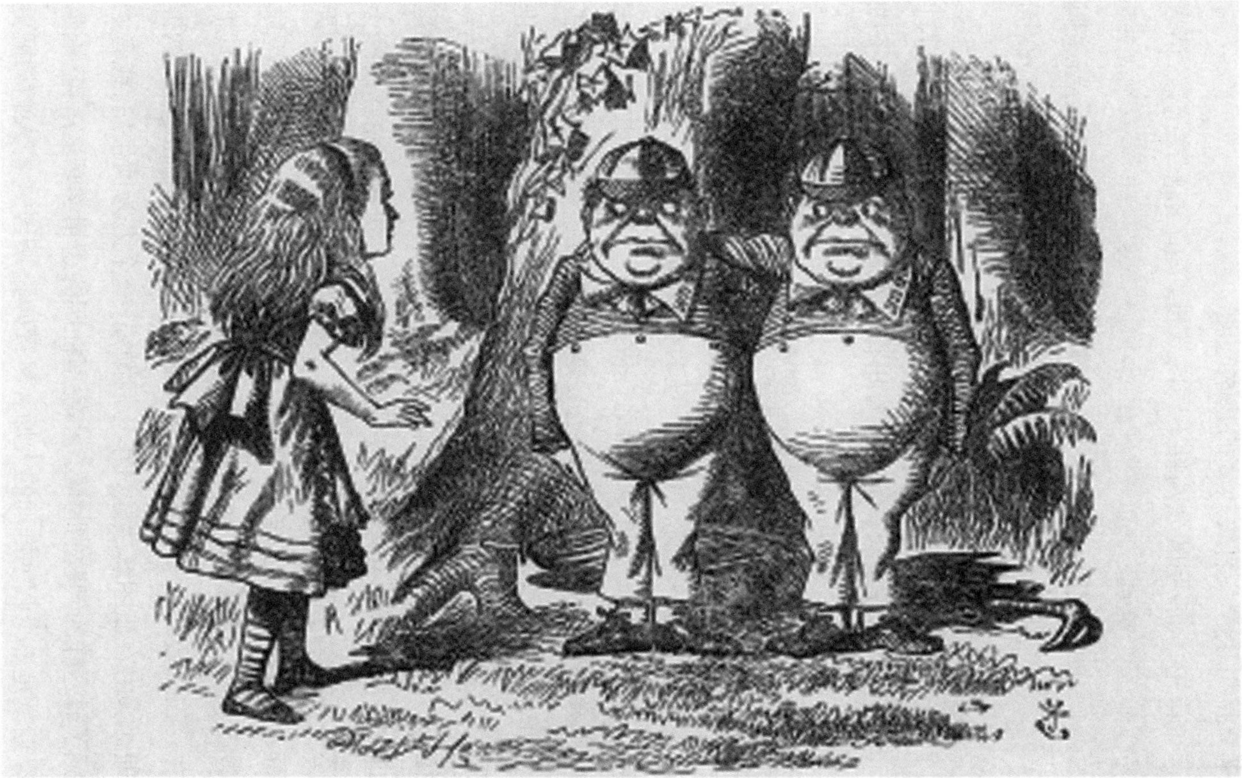

图 1 Tweedledum 和 Tweedledee 与爱丽丝辩论逻辑的要点。

来直接讨论一些有关效度的基本问题。

首先，一般要区分两种不同的效度。为了理解这一点，请思考以下三个推理：

1. 如果夜贼从厨房的窗户破窗而入，在外部就会留下脚印，但是没有脚印留下；因此，夜贼没有从厨房破窗而入。
2. 琼斯手指上有尼古丁的痕迹，因此琼斯是个吸烟的人。
3. 琼斯每天买两包烟，因此有人在厨房的窗外留下了脚印。

第一个推理是一个非常直接的推理。如果前提正确，结论也必然正确。换句话说，若没有结论的同时正确，前提就不能算是正确。逻辑学家称这样的推理为**有效的演绎**。第二个推理有点不同。前提很清楚地为结论提供了一个很好的理由，但结论却不是结论性的陈述。别忘了，琼斯之所以让手上沾上了尼古丁痕迹可能仅仅是想让别人认为他是个抽烟的人。因此，此推理不是有效的演绎。像这样的推理通常被认为是**有效的归纳**。相比之下，第三个推理根据任何一个标准都无望成为有效推理。前提似乎没有为结论提供什么理由。此推理不论在演绎上还是在归纳上都是无效的。实际上，因为大家都不是白痴，如果有人确实提出了这样一个理由，人们就会假定还存在某个无须告诉我们的前提（也许是某人通过厨房窗户把烟递给琼斯）。

归纳效度是一个非常重要的概念。我们一直在使用归纳推理，比如，在试图解决像汽车为何抛锚，一个人为何生病，或者谁犯了罪这样的问题的时候。小说里杜撰的逻辑学家夏洛克·福尔摩斯就是一个归纳推理的大师。尽管如此，历史上的人们却把更多的努力放在了理解演绎效度上——也许是因为逻辑学家往往都成为了哲学家或数学家(在他们的研究中,演绎效度的推理至关重要),而不是医生或侦探。我们将在本书的后面再谈归纳这个概念。现在,让我们更多地思考一下演绎效度。(由于有效推理更为刻板,所以很自然会认为演绎效度是更为简单的概念。因此,试图先理解这个概念是个不错的主意。我们将会看到,这也是一个难以理解的概念。)除非特别说明,"效度"就是指"演绎效度"。

那么,什么是有效推理呢?我们在前面也看到了,它是若没有结论的同时正确,前提就不能算是正确的推理。但是这是什么意思呢?尤其是**不能**指的又是什么呢?总的来说,"不能"有许多意思。比如,思考一下下面这个句子:"玛丽能弹钢琴,但约翰不能";这里谈论的是人的能力。请比较下面这句:"你不能进入这里:你需要许可";这里谈论的是某种规则允许的事情。

这样来理解与本例有关的"不能"是很自然的:若没有结论的同时正确,前提就不能算是正确,就等于在所有情形下,所有前提都是正确的,结论也是正确的。到现在为止,一直都没有问题。但是情形确切是指什么呢?哪些事物组成了一个情形,这些事物间的相互关系又如何呢?什么叫做**正确**?Tweedledee 也许会说,现在有个哲学问题要你回答。

马上我们就会遇到这些问题;但现在我们先把它们放在一边,再解决一个问题。大家不应轻易接受这样的观点:我刚才所给出的对演绎效度的解释本身是没有问题的。(从哲学上讲,所有令人感兴趣的断言都是存在争议的。)这里存在一个问题。假定这个解释是正确的,那么要知道一个推理是有效的演绎就要知道不存在前提正确、结论却不正确的情形。考虑对于情形的任何一种合理的理解时,就会冒出来很多很多的情形:关于遥远恒星的行星上的事物的各种情形,关于在宇宙存在任何生命之前的各种情形,小说著作里描写的各种情形,空想家所幻想的各种情形。人们如何知道什么样的推理能在**所有**情形下都被证明是正确的呢?更为糟糕的是,似乎存在无数种情形(今后一年的情形、今后两年的情形、今后三年的情形……)。因此,即使从原则上讲也不可能调查所有的情形。因此,如果这样解释效度是正确的,并且假定我们能确定推理是否有效(至少在许多情况下是可以的),我们必须从某种特殊的渠道对此有所了解。是什么样的渠道呢?

我们需要求助于某种神秘的本能吗?不一定。思考一下一个类似的问题。我们都能毫无问题地区分母语中一串词语是否符合语法。比如说,任何母语为英语的人都知道 This is a chair 是个合乎语法的句子,但 A chair is is a 却不是。不过,合乎语法和不合乎语法的句子都有无限多。(比如说,"一是个数字","二是个数字","三是个数字"等等,都是合乎语法的句子。我们也很容易随意地造出许多单词杂乱堆在一起的句子)。那么,我们是如何做到这一点的呢?也许就像最有影响力的现代语言学家诺姆·乔姆斯基建议的那样:我们能够做到这一点是因为这些数目无限的句子都是由数目有限的规则生成的,这些规则植入了我们体内;生物进化使得我们具有天生的语法知识。逻辑学也是一样吗?逻辑的规则也是植入我们体内的吗?

本章要点

- 一个有效推理是结论由前提推导而来的推理。
- 一个具有演绎效度的推理是这样的一种推理:推理过程中不存在所有前提都正确但结论却错误的情形。

第二章

真值函数及其他

不管效度的规则是否植入了我们体内，我们对于效度或各种推理都有很强的直觉。比如，以下推理是有效的是没有多少争议的：“她是个女人且是个银行家，因此她是个银行家。”以下推理是无效的也是没有多少争议的：“他是个木匠，因此他是个木匠且打棒球。”

不过，有时直觉会给我们带来麻烦。你觉得下面这个推理怎样？直线以上是两个前提，线下为结论。

女王很富有。　　女王不富有。

猪会飞。

很显然，这个推理是无效的。女王的财富——不管多少——似乎与猪的飞行能力毫无关系。

但是，你再看看下面这两个推理，它们又如何呢？

女王很富有。

要么女王很富有，要么猪会飞。

要么女王很富有，要么猪会飞。　女王不富有。
猪会飞。

这两个推理中，第一个推理似乎有效。我们来看一下它的结论吧。逻辑学家把这样的句子称为析取命题，并把含“要么”的两个分句称为析取项。那么，一个析取命题怎么样才能算是正确呢？只要一个或另一个析取项正确即可。因此，只要前提正确，结论就正确。第二个推理似乎也是有效的。如果两个断言中只有一个正确且其中有一个已经是错误的，那么剩下那个必然正确。

现在的问题是，我们把这两个表面看来是有效的推理放在一起，可得到如下显然是无效的推理：

女王很富有。
要么女王很富有，要么猪会飞。　女王不富有。
猪会飞。

这样的推理不可能是正确的。以这种方式把有效推理堆在一起是不可能得到一个无效推理的。如果所有的前提在所有情况下都是正确的，那么它们的结论就是正确的，根据**这些结论**推导出的其他结论就是正确的，直到我们得到最终的结论。那么，这里的问题出在哪儿呢？

为了给这个问题一个正确的答案，就让我们来仔细探讨一下。首先，我们把句子“猪会飞”写做 p，把“女王很富有”写做 q。这样就简化了一些，但还有其他好处：如果你仔细思考一下，便能看出，上述例子中所使用的两个特殊句子与事物没有多大关系，我本可以使用任何两个句子来阐述，因此，我们可以忽略它们的内容。这就是我们把这些句子写成单个字母的原因。

“要么女王很富有，要么猪会飞”这一句便变成“要么 q 要么 p”，逻辑学家常常将其写成 qVp。那么，“女王不富有” 这一句该如何改写呢？我们可以改写成“并非女王很富有”，把否定词置于分句之前。因此，这一句就可以写成“并非 q”。逻辑学家常把它写成逻辑表达式¬q，并称之为 q 的**否定**。那么“女王很富有，且猪会飞”——即“q 与 p” 这一句呢？逻辑学家常把它写做 q & p，并称之为 q 与 p 的**合取**，q 和 p 为**合取项**。在掌握了这一方法之后，我们可把上述系列推理用逻辑式表达如下：

$$\frac{\dfrac{q}{q \vee p} \quad \neg q}{p}$$

我们对此推理还有什么要说的吗？

句子可以是正确的(真)，也可以是错误的(假)。我们用 T 来表示真，用 F 来表示假。自现代逻辑学奠基者之一，德国哲学家和数学家高特罗伯·弗雷格之后，这些值被称为真值。若已知一个句子 a，a 句的真值与它的否定式¬a 的真值之间有何关系呢？一个简单自然的答案是：如果一个句子为真，则另一个为假；反之亦然。因此，如果“女王很富有”为真，则“女王不富有”为假，反之亦然。我们可将此关系标明如下：

只要 a 的真值为 F，¬ a 的真值就为 T。

只要 a 的真值为 T，¬ a 的真值就为 F。

逻辑学家称其为否定的**真值条件**。如果我们假设每个句子要么是真的要么是假的，但决不是两者兼而有之，我们便能用以下表格来描述真值条件（逻辑学家称其为真值表）：

a	¬a
T	F
F	T

如果句子 a 具有它那一列下的真值，那么¬a 便具有右边一列下相对应的真值。

析取命题（V）的真值情况又是怎样的呢？我已提到，一个简单自然的假设是：如果一个析取命题（a V b）中的一个命题 a 或另一个命题 b（或者两个命题）为真，则该析取命题就为真；反之，则为假。我们可将析取命题的真值条件标明如下：

只要 a 与 b 中至少一个的真值为 T，析取命题 a V b 的真值就为 T。

只有当 a 与 b 的真值均为 F 时，析取命题 a V b 的真值才为 F。

这些条件可用以下真值表表示：

a	b	a V b
T	T	T
T	F	T
F	T	T
F	F	F

表中的每一行——除了第一行的表头——标明了 a（第一列）与 b（第二列）真值的可能组合。共有四种可能的组合，因此共有四行。对于每一种组合，右边都给出了 a V b 相应的真值（第三列）。

图 2　高特罗伯·弗雷格(1848—1925),现代逻辑学的奠基者之一。

同样,a 与 b 的真值与 a & b 的真值之间的关系又是怎样的呢?一个简单自然的假设是:如果 a 与 b 都为真,那么 a & b 为真。因此,我们可举例如下:只有当"约翰 35 岁了"和"约翰的头发是棕色的"都正确,合取命题"约翰 35 岁了,且有棕色的头发"才是正确的。我们可用合取命题的真值条件将其标明如下:

只有 a 与 b 都具有真值 T, a & b 才具有真值 T。

只要 a 与 b 中至少一个命题的真值为 F, 那么 a & b 的真值就为 F。

这些条件可用以下真值表表示:

a	b	a & b
T	T	T
T	F	F
F	T	F
F	F	F

那么,这与我们一开始所提出的问题有什么关系呢?我们重新来看一下第一章结尾处所提出的问题:何为情形?一个简单自然的观点认为:不管什么情形都决定了每个句子的真值。举例来说,在某个特定情形下,女王很富有是正确的,猪会飞是错误的。而在另外一种情形下,女王很富有是错误的,猪会飞是正确的。(注意:这些情形都纯粹是假设的!)换言之,一个情形决定了每个相关命题的真值是 T 还是 F。这里所说的相关命题不包括"与"、"要么"或"非"在内。假设某个情形的基本信息已知,我们便可利用真值表得到含有这些词的句子的真值。

比如,假设有以下情形:

p: T
q: F
r: T

(r 可能是“大黄有营养”这样的句子,而“p: T”表示 p 被赋予真值 T,等等。)那么,逻辑式 p & (¬ r V q)的真值又是怎样的呢?我们获得这一真值的方法与我们计算 3 × (− 6+2) 时使用乘法表和加法表一样。r 的真值为 T,因此根据否定真值表可知,¬ r 的真值为 F。但是,由于 q 的真值为 F,由否定真值表可知,¬ r V q 的真值为 F。由于 p 的真值为 T,由合取真值表可知,p & (¬ r V q)的真值为 F。采用这样的方式,我们能获得任何包含有 &、V 和¬的逻辑式的真值。

现在请回想一下,我们在前一章里曾论述道:如果没有情形可表明所有前提为真而结论不真(假),那么这个推理就是有效的。也就是说,如果无法赋予相关句子以 T 值和 F 值(这样会导致所有前提为 T 而结论为 F),那么这个推理就是有效的。比如,来看一下我们前面提到过的推理:q/q V p。(我把这个逻辑式写在一行上是为了让牛津大学出版社省点钱。)相关句子为 q 和 p。共有四种真值组合,我们可计算出每一种组合的前提和结论所具有的真值。我们可将结果表示如下:

q	p	q	q V p
T	T	T	T
T	F	T	T
F	T	F	T
F	F	F	F

前两列展示了 q 和 p 真值的可能组合。后两列则相应地给出了前提和结论的真值。第三列与第一列相同。这是本例的一个巧合,在这个特定的例子中,前提恰好是其中的一个相关句。第四列内的真值可以根据析取真值表获得。有了以上信息,我们可以看出,这个推理是有效的。因为没有一行是前提 q 为

真，而结论 q V p 不为真的。

推理 q V p, ¬q/p 的情况又怎样呢？我们可按照相同的方式得到下表：

q	p		qVp	¬q	p
T	T		T	F	T
T	F		T	F	F
F	T		T	T	T
F	F		F	T	F

这次共有五列，因为共有两个前提。前提和结论的真值可以根据析取和否定真值表获得。而且，也没有哪一行表明两个前提都为真而结论却不为真。因此，这个推理是有效的。

那么我们一开始使用的那个推理 q, ¬q/p 呢？采用前面的方法我们可以得到下表：

q	p		q	¬q	p
T	T		T	F	T
T	F		T	F	F
F	T		F	T	T
F	F		F	T	F

这个推理也是有效的，我们下面就来看一看原因。没有哪一行表明，两个前提都为真而结论却为假。实际上，也没有一行能表明两个前提都为真。结论实在是无关紧要！有时，逻辑学家在描述这样的情形时说，像这样的推理，其效度是**没有意义的**，因为两个前提永远无法同时为真。

这就是解决我们一开始所说的问题的方案。根据此方案，我们一开始的直觉推理是错误的。别忘了，直觉经常误导人。大家看来，地球明显是一动不动的——直到学习了物理，才发现地球实际上在飞速地穿越太空。我们甚至能够很好地解释逻辑直觉为何会出现差错。我们在实践中所遇到的推理,大多数都不是没有意义的推理。我们的直觉在这样的环境下形成,并不适用普遍情况——就像学走路时所养成的习惯(比如, 不向一边倾斜)在其他环境下就不管用(比如,当你在学骑自行车时)。

在下一章里我们还会讨论这个问题。但现在,我们可以通过简要回顾一下我们所用方法的充分性来结束本章。这里所说的并不那么直截。综上所述,否定命题句¬a 的真值完全是由命题句 a 的真值决定的。同样,析取命题句 a ∨ b 和合取命题句 a & b 的真值完全是由命题句 a 与 b 的真值决定的。逻辑学家把这样的运算称为**真值函数**。但是,有很多理由表明,英语中的 or 和 and 不是真值函数——至少不一定是真值函数。

比如,根据合取命题真值表,"a 与 b"和"b 与 a"具有相同的真值,即 a 与 b 都为真的话,它们也都为真,否则就都为假。但我们来看一下下面两句:

1. 约翰撞了头,摔倒了。
2. 约翰摔倒了,撞了头。

第一句说的是,约翰撞了头,**于是**摔倒了。第二句说的是,约翰摔倒了,**于是**撞了头。很明显,即使第二句为假,第一句也可能为真;反之亦然。因此,重要的不是合取项的真值,而是哪一个合取项为另一个合取项的起因。

连接词 or 也存在类似的问题。根据我们前面所说的方法,如果命题句 a 与命题句 b 中的一个正确,则析取命题"a or b"就是正确的。但是,如果一个朋友这样对你说:

要么你现在来，要么我们会迟到；

于是你来了。根据析取真值表，这个析取命题为真。但是，假如你发现朋友一直在跟你开玩笑：你本可以半小时后出发，而且仍然会准时到达。在这样的情形下，你肯定会说你朋友说谎了：他说的都是假话。因此，我们再次发现，重要的不仅仅是析取项的真值，而且是它们之间所存在的某种关系。

请读者再思考一下这些问题吧。我们所讨论的材料至少初步地描述了某个特定逻辑方法的运用；我们在后面的章节里还会引用这些方法，除非有些章节所讨论的观点明显不需要这里所谈的方法——有时会出现这种情况。

目前所讨论的方法只涉及某些推理，还有其他许多种类的推理。我们只不过刚开了个头而已。

本章要点

- 在一种情形下，每个相关句都被赋予了一个特定的真值（T 或者 F）。
- 当命题 a 的真值为 F 时，其否定命题¬a 的真值就为 T。
- 当命题 a 与 b 中至少有一个命题的真值为 T 时，析取命题 a ∨ b 的真值就为 T。
- 当命题 a 与 b 的真值均为 T 时，合取命题 a & b 的真值才为 T。

第三章

名称与量词：无名小卒是大人物吗？

我们在前一章里所讨论的推理涉及 or（要么）和 it is not the case that（并非）这样的短语，它们添加到完整句之中形成其他的完整句。不过，还有许多推理似乎按照完全不同的方式展开。比如，我们来看一下下面这个推理：

马卡斯给了我一本书。
___
有人给了我一本书。

前提和结论都没有一个部分可单独成为一个完整句。如果这个推理有效，那是因为在这两个完整句**中**有名堂。

传统语法认为，最简单的完整句由一个**主语**和一个**谓语**构成。例如，以下几个例句均是简单句：

1. 马卡斯看见了那头象。
2. 阿尼卡睡着了。
3. 有人打了我。
4. 没人来参加我的派对。

在每一句中，第一个词为句子的主语：它说明该句是关于什么的。其余部分为谓语：它告诉我们关于主语的事情。那么，这样的句子在什么条件下为真呢？我们就拿第二句来作个说明吧。该句为真的条件是，主语“阿尼卡”所指的对象要具有谓语所表述的特性，即睡着了。

一切都没有问题。但是，第三句的主语指的是什么呢？打我的人？但是也许没有人打我。没人说这句是真的。第四句的情况更糟糕。“没人”指的是谁呢？在《镜中世界》中，爱丽丝在遇见“狮子”和“独角兽”之前，碰见了正在等待信使的白方国王。(不知何故，当信使出现时，它就像兔子一样惊惶不安。)国王在遇到爱丽丝时说道：

> “朝路上看看，请告诉我你是否看见了……[信使]。”
>
> “我看路上没人啊。”爱丽丝回答道。
>
> “我真希望我也有双这样的眼睛，”国王不耐烦地说道，“能看见‘没人’！还在那么远的距离！哎呀，这个距离是**我**在日光下能看清楚真人的距离！”

卡罗尔开了个逻辑玩笑，他经常这样开玩笑。当爱丽丝说她看不到任何人时，她不是说她能看见一个人——不管是真是假。“没人”并不指人——或其他任何事物。

像 nobody(没人)，someone(有人)，everyone(每人)这样的词被现代逻辑学家称作**量词**，它们有别于“马卡斯”和“阿尼卡”这样的名称。我们前面的讨论表明，即使量词和名称都可作为句子的主语，它们也必然以不同的方式在起作用。那么，量词是如何起作用的呢？

以下是一个现代的标准答案。这涉及一个有很多对象的情形。在本例中，相关对象均是人。我们就此情形所进行的推理

图 3 没人。

中,所有名称指的都是这一集合中的一个对象。如果我们用 m 来代替马卡斯,m 指的就是这其中的一个对象。如果我们用H来代替 is happy(很高兴),那么 mH 这一句在这一情形中为真的条件是:m 所指的对象具有 H 所表述的特性。(有悖常情的是,逻辑学家通常颠倒了顺序,把该句写成 Hm,而不是 mH。这只是一个习惯问题。)

下面,我们来看看这样一句话:"某人很高兴"(Someone is happy)。该句为真的条件是:在对象集合中有**某个**对象或另外一个对象是高兴的——在集合中有某个对象,我们称之为 x,x 很高兴。我们把"某对象 x 具有这样的特征……"写作 ∃x。这样,我们便可把本句写成:∃x x 很高兴;前文中我们把"很高兴"写作 H,所以本句也可写成:∃x xH。逻辑学家把 ∃x 称为**特称量词**。

"每人都很高兴"该如何表示呢?它为真的条件是:在相关集合中**每个**对象都很高兴。换言之,集合中的每个对象 x,x 很高兴。如果我们把"每个对象 x,x 具有这样的特征……"写成 ∀x,那么此句便可写成 ∀x xH。逻辑学家通常把 ∀x 称为**全称量词**。

现在,不难猜出我们如何理解"没人很高兴"了。该句的意思是,在相关集合中没有对象 x,x 很高兴。我们本可以使用一个特殊符号来表示"没有对象 x,x 具有这样的特征……"但逻辑学家实际上并不需要创造这么一个符号。原因如下:说"没人很高兴"就等于说"并非有人很高兴"。因此,我们可以把此句写成¬∃x xH。

对量词的分析表明,名称和量词起作用的方式大不相同。特别是,"马卡斯很高兴"与"某人很高兴"用逻辑符号写起来就截然不同，分别写成 mH 和 $\exists x\ xH$；这个事实足以说明这一点。而且，它还向我们表明，表面简单的语法形式可能会产生误导。并非所有的语法主语都是等值的。巧合的是，这一解释说明了为何我们在本章开头所讨论的推理是有效的。我们以 G 代表“给我那本书”。那么这个推理式可表达如下：

$$\frac{mG}{\exists x\ xG}$$

很明显，如果在某个情形下，由名称 m 所指代的对象给了我那本书，那么我们可以推知，相关集合中的某个对象给了我那本书。与此不同的是，白方国王由爱丽丝没看见人的事实推理出她看见了某人(即“没人”)。如果我们把“被爱丽丝看见”用 A 来代替，那么国王的推理便可表示如下：

$$\frac{\neg\exists x\ xA}{\exists x\ xA}$$

这个推理很显然是无效的。如果在被爱丽丝看见的相关域中没有对象，那么在被爱丽丝所看见的相关域中有对象，明显就**不是**真的。

您也许会认为这是大惊小怪，毫无意义——实际上，只不过是把那么好的一个幽默笑话搞得索然无味罢了。但是，从本质上说，这要严肃得多。因为，量词在数学和逻辑学的许多重要论证中起着关键作用。这里举个哲学方面的例子。一个自然的假设是，没有什么事会毫无理由地发生：人们不会毫无理由地生病，汽车没有故障就不会抛锚。于是，每个事物都有一个原因。但是，每个事物的原因又会是什么呢？很显然，不是某个实体，如某一个人，也不是宇宙大爆炸之类的。这样的事情本身也有原因。因此，它必然是形而上的。很明显，上帝就是那个候选者。

这是一种证明上帝存在的论证，常被称为**宇宙哲学论**。人们也许会以各种方式反对这一论证。但就其本质而言，这里有一个很大的逻辑谬误。“每件事情都有一个原因”这一句是存在歧义的。它可以表示，每一件发生的事情都有这样或那样的原因——也就是说，对于每个 x，都有一个 y；且 x 是由 y 引起的。它还可以表示，存在着某个事物，它是所有事情的原因——存在一个 y，y 具有这样的特性：对于每个 x，x 都是由 y 引起的。假如我们把相关对象域看成因与果，并把“x 是由 y 引起的”表述为 xCy，那么我们可以把这两种意思用逻辑符号分别表示如下：

1. $\forall x\ \exists y\ xCy$
2. $\exists y\ \forall x\ xCy$

现在可以看出，这两个意思在逻辑上是不等值的。第一个可由第二个推导而来：如果存在一个事物，它是**每件事情**的原因，那么毫无疑问，每件发生的事情都有这样或那样的原因。但是，如果说每件事情都有**这样或那样的原因**，就不能推导出存在一个是所有事情原因的事物。（请比较：每个人都有一个母亲；由这一句无法推导出，存在着某个人，她是所有人的母亲。）

这种宇宙哲学论正是利用了这种歧义。在谈论疾病和汽车时所确定的是 1；但是，紧接着就问那个因是什么，并假设那是早已确定的 2。而且，这种偷梁换柱是隐蔽的，因为在英语中，

"每件事情都有一个原因"可用来表达 1 或者 2。请注意,如果把量词换成名称就不会有歧义了。"宇宙远处的辐射是由宇宙大爆炸引起的"就一点歧义也没有。不能区分名称和量词可能是人们无法看到歧义所在的深层原因吧。

因此,正确理解量词是很重要的——不仅对逻辑学很重要。像"某物"、"空"等等这样的词并不代表客观对象,但却是以一种完全不同的方式在起作用。或者说,它们至少能起作用:事情没有那么简单。我们再来仔细思考一下宇宙问题吧。我们可以说宇宙向过去无限延伸,也可以说宇宙是在某个特定时间形成的。在第一种情况下,宇宙没有起点,但一直存在着;在第二种情况下,宇宙的形成始于某个特定的时间。实际上,在不同时期,物理学对这个问题的真实性有着不同的解释。不过,不要担心这一点;我们仅考虑第二种可能。在这种情况下,宇宙凭空形成——或者说它不是由物质实体形成的;不管怎样,宇宙是所有物质实体的总和。我们现在来考虑一下这句话:"宇宙凭空形成。"我们用 c 来代替宇宙(cosmos),用逻辑符号 xEy 来表示"x 由 y 形成"。那么根据我们对量词的理解,这一句的意思应该为 $\neg \exists x\ cEx$。但它并不是这个意思,因为第一种情况也正确。在这种情况下,宇宙在过去时间上是无限的,所以宇宙在过去还没有形成。尤其特殊的是,宇宙并非**由**某物形成。当我们根据第二种宇宙论,说宇宙是凭空形成时;我们指的是,宇宙是由"空"中形成的。因此,"空"也**可能**是一种事物。毕竟,白方国王也没有这么傻。

本章要点

· 句子 nP 在一种情形下为真的条件是:由 n 所指称的对

象在该情形下具有 P 所表述的特性。

- ∃x xP 在一种情形下为真的条件是：只要在该情形下有个对象 x,x 具有 xP 特性。
- ∀x xP 在一种情形下为真的条件是：只要在该情形下的每个对象 x,x 都具有 xP 特性。

第四章

摹状词和存在:希腊人崇拜宙斯吗?

当我们讨论主语和谓语时,有一种可做句子主语的短语我们还没有论及。逻辑学家通常称之为**限定摹状词**或有时简称为**摹状词**——尽管他们警告说,这是个术语。这样的短语被称作摹状词:“第一个登上月球的人”和“唯一可以从太空看见的地球上的人造物”。总的说来,摹状词具有以下形式:**某物满足如此这般的条件**。根据现代逻辑学的开创人之一,英国哲学家和数学家伯特兰·罗素的方法,我们可将上述短语重写如下:将“第一个登上月球的人”写成“某对象 x,x 满足这样的条件:x 是一个人,且 x 第一个登上了月球”。下面,我们用 ιx 表示“某物 x,x 具有以下特征”,于是上述短语便可表示成“ιx(x 是一个人,且 x 第一个登上了月球)”。如果我们用 M 表示“是一个人”并用 F 表示“第一个登上月球”,那么便可得到:ιx(xM & xF)。总的来说,一个摹状词就是一个 $\iota x c_x$,其中 c_x 就是 x 发生的某种条件。(这就是下标 x 要提醒你的。)

摹状词是主语,它们能与谓语一起构成完整句。因此,如果我们用 U 表示“出生于美国”,那么句子“第一个登上月球的那个人出生于美国” 便可表示为:ιx (xM & xF)U。让我们把ιx (xM & xF)简写为 μ 。(我用一个希腊字母来提醒你这实际上是一个摹状词。)那么,这句话便可表示为 μU。同样,“第一个登上月球的人是一个人,且他第一个登上了月球”这句话可表示为 $\mu M \& \mu F$。

根据前一章中所谈的区分,摹状词是名称,不是量词。也就是说,它们指代事物——如果巧的话,我们后面还会谈到这一点。因此,“第一个登上月球的人出生于美国”,即 μU 为真的条件是,只要短语 μ 所指的某个特定的人具有 U 所表示的特征即可。

但是摹状词是一种特殊的名称。和**专有名称**(如“阿尼卡”与“大爆炸”)不同,它们携带着所指事物的信息。我们举个例子来说,“第一个登上月球的人”携带这样的信息:其所指对象“是个人”且“第一个登上月球”。这也许显得过于陈旧乏味、显而易见,但事情可没有表面那样简单。由于摹状词携带着这样的信息,它们对重要的数学和哲学论证至关重要。认识这种复杂性的一个方法就是来看一看下面这个论证。这是另一种证明上帝存在的论证,常被称作**本体论**。这一论证有许多版本,这里是一个简单的版本:

上帝是具有所有尽善尽美特征的事物。
可存在也是一种尽善尽美。
因此上帝具有存在性。

也就是说,上帝是存在的。如果你以前没有接触过这个论证,它会显得相当费解。首先,什么是尽善尽美?宽泛地说,尽善尽美就像全知(知道一切可知之事)、全能(能做一切可做之事)和道德完美(以尽可能最好的方式行事)一样。总之,尽善尽美是一

图 4 伯特兰·罗素(1872—1970),现代逻辑学的另一奠基者。

个美好事物所具有的所有特征。第二个前提说存在是一种尽善尽美,那么究竟为何这样说呢?其中的原因是很复杂的,要追溯到古希腊两大哲学家之一柏拉图的哲学思想。幸运的是,我们可以迂回地探讨这个问题。我们可以罗列全知、全能这样的特性,清单上要包括“存在”,并假定“尽善尽美”表示清单上的任何一种特性。而且,我们可把“上帝”等同于某种摹状词,即“具有所有尽善尽美特征(清单上的那些特征)的事物”。在本体论中,根据定义这两个前提都为真,因而可以不作讨论。这个论证便可缩减为一行:

全知、全能、道德完美……且存在着的物体是存在的。

我们也许可以添加全知、全能、道德完美等摹状词。看起来这肯定为真。为了更清楚地阐明这一点,我们可以假定上帝的一系列特质:P_1, P_2……P_n。因此,最后一个特质P_n是存在的。“上帝”的定义可表达为:$\iota x(xP_1 \& \cdots\cdots \& xP_n)$。我们用 γ 来表示这个表达式,上面那句话便可表述为:$\gamma P_1 \& ... \& \gamma P_n$ (γP_n 是由这个表达式推出的)。

这是更大范畴中的一个特例:**满足某条件的某物满足该条件**。这常被称作**特性原则**(一个事物具有区别于他物的特性)。我们可把这一原则缩写为 CP。前面已提到过一个 CP 的例子,即“第一个登上月球的人是一个人,且他第一个登上了月球”,$\mu M \& \mu F$。简言之,如果我们有某个摹状词 $\iota x c_x$ 并用它来代替在 c_x 条件下发生的每一种情况x,我们便可获得一个 CP 的例子。

在所有人看来,根据定义 CP 为真。事物当然会有区别于他物的特征。不幸的是，它一般为假，因为由此推出的许多事情都确实不为真。

首先，我们可用这个原则来推出各种各样实际上并不存在的事物的存在性。请看下面的（非负数）整数：0，1，2，3……其中不存在最大整数。但是，使用 CP 进行推导，我们便可证明存在最大整数。我们用 c_x 表示"x 是最大整数而且 x 存在"，用 δ 表示 $\iota x c_x$。那么，根据 CP，我们便可推导出"δ 是最大整数，而且 δ 是存在的"。这种荒谬性还不止于此。我们再来看一看某个没有结婚的人，比如说罗马教皇吧。我们能证明他是结了婚的。假设 c_x 表示"x 嫁给了罗马教皇"，用 δ 表示摹状词 $\iota x c_x$。由 CP 可推导出"δ 与罗马教皇结了婚"。因此，某人嫁给了罗马教皇，也就是说，罗马教皇是结了婚的。

关于这一点还有什么要说的呢？下面是当代一个相当标准的答案。我们来看摹状词 $\iota x c_x$。如果在某个情形下存在某个事物满足条件 c_x，那么这个摹状词就指代该事物。否则，它就什么也指代不了，只是一个"空名称"。例如，存在特殊的 x，x 具有这样的特征：x 是一个人，且 x 第一个登上月球，他便是阿姆斯特朗。因此，"x 是一个人，且 x 第一个登上月球中的 x"指的就是阿姆斯特朗。同样，存在一个最小整数，即 0；因此，"是最小整数的事物"的摹状词指的就是 0。但是，由于没有最大整数，所以"是最大整数的事物"的摹状词就不指代任何事物。与此类似，"那个人口超过一百万的澳大利亚城市" 也不指代任何事物，不是因为不存在这样的城市，而是因为（澳大利亚）有好几个这样的城市。

这与 CP 又有什么关系呢？可以这么讲，如果在某个情形下存在一个满足 c_x 的特定事物，那么摹状词 $\iota x c_x$ 便可指代它。

因此，在 c_x 下 CP 要为真的条件是：摹状词 $\iota x c_x$ 是满足该条件的事物之一——实际上是唯一满足该条件的事物。尤其是，最小整数(实际上)就是最小整数，澳大利亚的联邦首都实际上就是澳大利亚的首都，等等。因此，可以说 CP 的一些例子是成立的。

但是，如果没有满足 c_x 条件的特定事物，那又会怎样呢？如果 n 是一个名称，P 是一个谓语，那么句子 nP 为真的条件是：存在一个 n 所指的事物，且它具有 P 所表达的特征。因此，如果 n 不指代任何事物，那么 nP 必然为假。所以，如果不存在具有特征 P 的特定事物（比如，如果 P 表达的是"有翅膀的马"），那么 $(\iota x\ xP)P$ 就为假。不难料想，在这些条件下，CP 不能成立。

那么，这对本体论又有什么影响呢？还记得前面曾提到过 CP 的例子：存在 $\gamma P_1 \& \cdots\cdots \& \gamma P_n$，其中 γ 为摹状词 $\iota x(xP_1 \& \cdots\cdots \& xP_n)$。要么存在某个满足 $xP_1 \& \cdots\cdots \& xP_n$ 的事物，要么就不存在。如果存在，它必然是唯一的。(不可能存在两个全能的事物：如果我是全能的，我就能阻止你，因此你就不能成为全能的。)这样的话，γ 就指代这个事物，那么 $\gamma P_1 \& \cdots\cdots \& \gamma P_n$ 就为真。如果不存在满足 $xP_1 \& \cdots\cdots \& xP_n$ 的事物，那么 γ 就不指代任何事物；于是合取命题 $\gamma P_1 \& \cdots\cdots \& \gamma P_n$ 的每一个合取项就为假；因此整个合取命题也为假。换言之，在本体论中所使用的 CP 例子只有在存在上帝的情况下才为真，但是如果上帝不存在的话，它就为假。因此，如果一个人要辩护上帝的存在，就不能仅仅借助于这个 CP 的例子来证明：那只不过是**假设**自己想要验证的东西。哲学家认为这样的论证**回避了问题的实质**；也就是说，把所要讨论的问题想当然地认为是正确的。贸然肯定所讨论的问题是不行的。

关于本体论就说这么多。我们在结束这一章时要看到，如我所解释的，有关摹状词的阐释本身就在某些方面存在问题。根据这样的阐释，如果 δP 是一个句子，其中 δ 又是一个不指代任何事物的摹状词，那么该句就为假。但这也并非总是正确的。比如，以下这些似乎总为真：古希腊诸神中最强大的被称作"宙斯"，他住在奥林匹斯山，为希腊人所崇拜，等等。然而，实际上并无古希腊诸神。他们实际上并不存在。如果这是正确的，那么摹状词"古希腊诸神中最强大的"不指代任何事物。但是，在这样的情况下，还是存在主语并不指代任何事物的正确的主/谓句，比如"古希腊诸神中最强大的为希腊人所崇拜"。不无偏见地说，不存在的事物毕竟在某些条件下也可能为真。

本章要点

- $\iota x c_x P$ 在某个情形下为真的条件是：只要在那个情形下存在一个满足条件 c_x 的唯一的事物 a，且 aP。

第五章

自我指代：这章内容是关于什么的？

当人们思考寻常的情形时，事情常常显得很简单，但这样的简单是靠不住的。当人们思考较为不同寻常的情形时，这种简单便不见了。指代也是如此。我们在前一章里已看到，一旦人们考虑到一些名称也许什么也指代不了，事情就不像人们原来想象的那样简单了。当我们考虑另一种不寻常的情形——自我指代时，就会出现更复杂的状况。

一个名称很有可能指代包含它本身的事物。比如，我们来仔细琢磨一下下面这个句子："这个句子包含了五个单词"。"这个句子"作为该句主语的名称，指代整个句子，该名称是该句的一部分。类似的情况也会发生在一组规章的条文中，其中包含这样的句子："这些规章可经哲学系多数人的决定予以修改"；或者由一个思考"如果我思考这个想法，那么我就必然有意识"的人修改。

这些都是相对没有问题的自我指代。还有些情况就不同了。比如，如果有人说了下面这句话：

我现在所说的这句话是假的。

我们用 λ 代表这句话。λ 为真还是为假呢?如果它为真,那么该句所说的内容就正确,因此 λ 就应为假。但是,如果它为假,那么,由于这就是该句确切表达的内容,它就应为真。在其中任何一种情况下,λ 总是显得既真又假。这句话就像麦比乌斯带——一种拓扑构形,由于扭曲,带子的内侧成了外侧,外侧成了内侧:真为假,假为真。

或者,有人说了下面这句话:

我现在所说的这句话是真的。

这句为真还是为假呢?如果该句内容正确,它便为真,因为这就是该句所说的内容。如果该句内容不正确,它便为假,因为它说它是正确的。因此,假设该句为真和假设该句为假似乎是一致的。似乎也没有其他可以解决其真值问题的论据了。并非是它具有我们所不知道或者无法知道的某种真值。相反,似乎没有什么可以确定它是真还是假。它似乎既不为真也不为假。

这些悖论是很古老的。第一个悖论似乎是由古希腊哲学家欧布里德首先发现的,常被称作**骗子悖论**。近代还有许多同类的悖论,其中一些在数学推理的中心环节起着至关重要的作用。下面再举一个例子加以说明。一个集合就是一组对象的集合体。比如,人们可说所有人的集合、所有数字的集合,以及所有抽象概念的集合。集合本身可成为其他集合的成员。比如,屋子里所有的人是一个集合,而它又是所有集合体集合中的一员。一些集合甚至是它们自身的成员:在本页所提到的所有对象的集合是本页所提到的一个对象(我已经提到过它了),因此,该集合是其本身的一个成员;所有集合体的集合是一个集

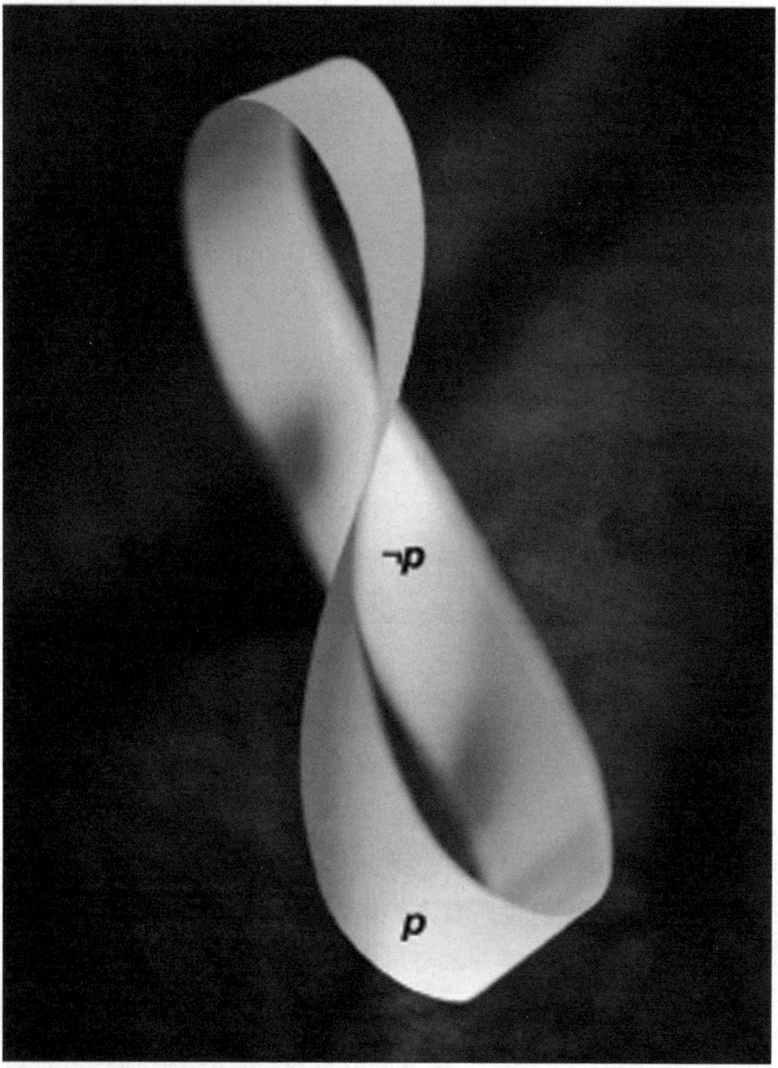

图 5　一条麦比乌斯带。带子的内侧成了外侧，而外侧则成了内侧。真为假且假为真。

合,也是其本身的一个成员。一些集合很显然不是自身的成员:如所有人的集合不是一个人,所以它不是所有人集合的一个成员。

下面来看一看所有那些不是自身成员的集合的总集合,我们称之为 R。R 是自身的一个成员吗?如果它是自身集合的一个成员,那么它就成为了那些非自身成员中的一员,因此它不是其自身的一个成员。反过来说,如果它不是自身集合的一个成员,那么它便成为那些非自身成员集合中的一个,因此它**是**自身集合中的一员。R 似乎既是自身集合中的一员,又不是自身集合中的一员。

这个悖论是由伯特兰·罗素发现的（我们在前一章中已提到此人),因此这个悖论也称**罗素悖论**。就像骗子悖论一样,该悖论也有个同类。所有自身成员集合的总集合又是怎样的呢?它是自身集合的一个成员吗?如果它是自身集合中的一员,那么它便是;如果它不是自身集合中的一员,那么它就不是。似乎也没有什么可以确定这句话是真还是假。

上述例证的作用在于挑战了我们在第二章所做的假设:每个句子要么为真要么为假,但不可既为真又为假。"这句话是假的"和"R 不是自身集合中的一员"似乎既可为真又可为假;而它们的同类句似乎既不为真也不为假。

如何调整这一观点呢?只要把这些其他可能性考虑进去就可以了。假设在任何条件下,每个句子都为真而不为假,或者都为假而不为真,或者既为真也为假,或者既不为真也不为假。我们在第二章提到,否定、合取和析取命题的真值条件如下。在任何情形下:

只要命题 a 具有真值 F,其否定命题¬a 就具有真值 T。

只要命题 a 具有真值 T，其否定命题¬a 就具有真值 F。

只要命题 a 和 b 具有真值 T，合取命题 a & b 就具有真值T。

只要命题 a 和 b 中至少一个命题具有真值 F,合取命题 a & b 就具有真值 F。

只要命题 a 和 b 中至少一个命题具有真值 T,析取命题 a V b 就具有真值 T。

只要命题 a 和 b 均具有真值 F，析取命题 a V b 就具有真值 F。

利用上述信息,我们不难获得新体系下句子的真值。比如:

· 假设命题 a 的真值为 F 但不可为 T。那么,由于 a 的真值为 F,其否定式¬a 的真值为 T(根据否定命题第一条规则可推知)。同时,由于 a 的真值不为 T,其否定式¬a 的真值不为 F（根据否定命题第二条规则可推知)。因此,¬a 的真值为 T 而不为 F。

· 假设命题 a 的真值既可为 T 也可为 F，命题 b 的真值为 T。那么,命题 a 与 b 的真值都为 T,因此合取命题 a & b 的真值就应为 T(根据合取命题第一条规则可推知)。但是,由于命题 a 也可为 F,命题 a 与 b 中至少有一个命题的真值为 F,因此,合取命题 a & b 的真值就应为 F(根据合取命题第二条规则可推知)。因此,合取命题 a & b 的真值既为 T 也为 F。

· 假设命题 a 的真值只能为 T,命题 b 的真值既不为 T 也不为 F。那么,由于命题 a 的真值为 T,命题 a 与 b 中至少有一个命题的真值为 T,因此,析取命题 a V b 的真值为 T(根据析取命题第一条规则可推知)。但是由于命题 a 的真值不为F,所以命题 a 与 b 的真值不可能都为 F。因此,析取命题 a V b 的真值不为 F(根据析取命题第二条规则可推知)。因此,析取命题 a V b 的真值只能为 T。

这与效度又有什么关系呢?一个有效的论证仍然是一个不会出现以下情形的论证:前提为真,而结论却不为真。情形仍然能赋予每个相关句一个真值。只有眼下,情形也许会赋予一个句子一个真值、两个真值或者什么也没有。因此,请来看一看这样的推理:q/qVp。在 q 为 T 的情形下,析取条件表明,析取命题 qVp 也为 T。(它也许还为 F,但这没有什么关系。)因此,如果前提为 T,那么结论也为 T。这样的推理是有效的。

在这一点上,我们有必要回到第二章开始讨论的推理问题上:q, ¬q/p。如我们在第二章中所看到的,就该章所假设的条件而言,这个推理是有效的。但是,在新的假设条件下,情况就不同了。为了一探究竟,我们只要假设这样一个情形:命题 q 既为 T 也为 F,但命题 p 只为 F。由于命题 q 既为 T 也为 F,其否定命题¬q 也同时既为 T 也为 F。因此,该推理的两个前提都为 T(当然也可为 F,但那与这里的讨论无关),但结论 p 却**不**为 T。这就再次表明了为什么我们会从直觉上感觉这个推理是无效的。它确实是无效的。

不过,这一问题还没有讨论完毕。正如我们在第二章中所见,这一推理是根据其他两个推理而来的。刚才我们已看到,这两个推理中的第一个(即 q/qVp)在目前看来是有效的推理。另外一个因此必定是无效的,而且它确实如此。另一个推理为:

$$\frac{q \vee p,\ \neg q}{p}$$

现在来看一下这样一个情形：命题 q 既为 T 也为 F，而命题 p 却只为 F。经逐项推理后不难发现，这个推理的两个前提都可为 T（也可为 F）。但是，结论却不为 T。因此，这个推理是无效的。

我曾在第二章中说过，这个推理从直觉上来看确实是有效的。因此，在新的解释下，我们对这个推理的直觉肯定是错误的。不过，我们可对这个事实进行一番解释。这个推理从表面看来是有效的，因为如果否定命题¬q 为真，那么就排除了命题 q 为真，剩下的就要看命题 p 了。但是，根据本章的讨论，否定命题¬q 为真并不排除命题 q 为真。只有在某个命题不能同时为真又为假的情况下才能排除命题 q 为真。当我们认为这个推理有效的时候，我们也许是忘记了这些可能性，而这些可能性会在自我指代这样的特殊情形下出现。

对于这个情形的解释，哪一个更好呢？是在第二章结束时所提到的那种解释呢，还是在本章所说的？这是我留给读者考虑的一个问题。在本章结束时我们要注意到，人们也许总会就新解释所依赖的观点提出质疑。我们来看一看那个骗子悖论和它的同类句吧。先看后一句。“这句话是真的”曾被认为既不为真也不为假。让我们假设该句既可为真也可为假。尤其是假设其不**为**真。但该句本身说自己为真。因此，它必然为假，与我们的假设——它既不为真也不为假正好相反。我们似乎陷入了自相矛盾之中。或者，我们来看一下骗子悖论句“这句话是假的”。这个句子曾被假定为可既为真又为假。我们就稍作一下调整，来看一下这一句——“这句话是不真的”。这句话的真值如何？如果它为真，那么该句所说确实如此；因此它不为真。但是如果它不为真，那么由于这就是该句所说的内容，所以它又为真。不管怎样，它总是显得既为真又不为真。这样，我们又遇到了自相矛盾的事情了。这不是说一个句子可既为 T 又为 F；相反，这是说一个句子可同时为 T 又不为 T。

正是这一情形使得自我指代成为了自欧布里德以来人们一直争论的问题。它确实是个棘手的问题。

本章要点

· 句子既可为真又可为假，既可同时为真又为假，又可既不为真也不为假。

第六章

必然性和可能性：肯定是又会是什么？

我们不仅经常声称说某事是这样的，而且声称说某事**必定**是这样的。我们说："肯定会下雨"，"不会不下雨"，"必然会下雨"。我们还有其他许多表述方法。当然，实际情况也许并非如此：情况**可能**如此。我们说："明天可能会下雨"，"明天下雨是有可能的"，"明天下雨是不可能的"。如果用字母 a 来代替任何一个句子，逻辑学家通常会把 a 肯定是正确的断言用□a 来表示，把 a 可能是正确的断言用◇a 来表示。

符号□和◇被称为**模态算子**，因为它们表达了事物为真（必然地）或为假（可能地）的模态。这两个算子其实是相互联系的。说某事必然如此就等于说某事不如此是不可能的。也就是说，□a 与¬◇¬a 表示的意义一样。类似地，说某事如此是可能的就等于说某事为假未必正确。也就是说，◇a 与¬□¬a 表示的意义一样。因此，句子 a 为真是不可能的这个事实可以用不同的表达来表示，既可用¬◇a 来表示（a 句表示的情况是不可能的），也可用□¬a 来表示（a 句表示的情况是必然错误的）。

和我们前面所遇到的那些算子不同，符号□和◇不是真值函数。我们在第二章曾讲过，当你知道句子 a 的真值时，你便可以算出¬a 的真值。类似地，当你知道句子 a 和句子 b 的真值，你便可以算出析取命题 a V b 和合取命题 a & b 的真值。但是,你无法仅凭句子 a 的真值就推理得出◇a 的真值。比如,我们用字母 r 表示句子"我明天会在七点起床"。实际上,r 句是假的。但是,毫无疑问,它可能为真:因为我可以把我的闹钟设置好并早起。因此,◇r 为真。为了对比,我们用字母 j 来表示句子"我会从床上跳出,在离地两米的高处盘旋"。和 r 句一样,这句话也为假。但与 r 句不同的是,该句甚至不可能为真。(因为)那样会违背地心引力定律。因此,◇j 为假。所以,由 a 句的真值无法确定◇a 的真值:r 句和 j 句都为假, 但◇r 为真而◇j 却为假。与此类似,a 句的真值也决定不了□a 的真值。我们现在用字母 r 表示句子"我明天会在八点前起床"。实际上,这句话是真的;但它不是必然为真。我可能还躺在床上。我们现在用字母 j 来表示句子 "如果我明天早晨从床上跳起来, 我就已经在运动了"。这句话也是真的,但是无法表明它可能为假。它必然为真。因此,r 句和 j 句都为真,但其中一个句子必然为真而另一个则不是。

因此,模态算子与我们前面所讲过的一切都截然不同。它们同时非常重要而且常常令人迷惑不解。为了阐明这一点,下面引用宿命论的一个论证,这是由古希腊两大哲学家中的另一位亚里士多德提出来的。

宿命论认为凡是发生的事物**必然**要发生: 它是不可避免的。当一个意外事故发生或者一个人死了,没有什么事情可以预防它的发生。宿命论一直引起了一些人的兴趣。当某事出现了差错,人们便可从这种观点里找到一定的安慰:事情不可能以其他方式发生。而且,宿命论蕴涵了这样的观点——我无力改变所发生的事情,但这个观点显然是假的。如果我今天遇上

图 6　亚里士多德(公元前 384—前 322),形式逻辑学的奠基人。

了交通事故，我原先只要选择一条不同的路线就可避免事故。那么亚里士多德是如何论证的呢?该论证如下。(请暂时忽略粗体部分,我们后面会谈到这一点。)

你可以举任何断言为例——比如,为了阐释方便,假定说,我明天会遇上车祸。我们目前也许不知道这句话是真的还是假的,但我们知道我明天要么会遇上车祸要么不会遇上。假设第一种情况为真,那么,我实际上会遇上车祸。**如果说我会遇上车祸为真,那么我就会遇上车祸**。换言之,我会遇上车祸是必然的。我们再反过来假设,我明天实际上不会遇上车祸。那么,我不会遇上车祸就为真;如果真是如此,那么我就不会遇上车祸。换言之,我没遇上车祸是必然的。不管这两种情况中的哪一种发生了,那么它**必然**要发生。这就是宿命论。

人们对此有什么看法吗？要回答这个问题,我们来看一看现在对模态算子的一种标准理解吧。我们假设每一个情形 s 都有很多可能性,也就是说 s 可能有的各种情形——为了明确起见,我们假设是在不违反物理学定律情况下的各种情形。因此,如果 s 是我目前所在地方(澳大利亚)的情形,那么我在伦敦待了一周就是一个可能的情形,而我在半人马座阿尔法星(四个多光年之遥)待了一周则不是。17 世纪哲学家和逻辑学家莱布尼茨之后的逻辑学家常常把这些可能的情形形象地称为**可能世界**。这样的话,◇a(a 的内容可能是真的)在 s 情形下为真就等于 a 实际上在与 s 有关的至少一种状况下为真。□a(a 的内容肯定是真的)在 s 情形下为真就等于 a 在所有与 s 有关的状况下都为真。这就是为什么符号□和◇不是真值函数的原因。因为 a 和 b 也许在 s 情形下有着相同的真值,比如说 F;但是也许在与 s 有关的状况下却具有不同的真值。比如,a 在其中一种

状况(比如说 s’)下为真,但 b 也许在什么状况下都不为真,如下图所示:

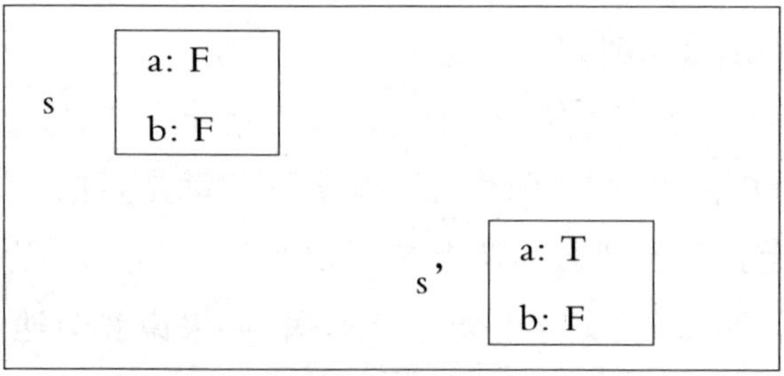

这种解释给我们提供了一种应用模态算子来进行分析推理的方法。比如,请看下面这个推理:

$$\frac{\Diamond a \quad \Diamond b}{\Diamond (a \,\&\, b)}$$

这个推理是无效的。为了探明原因,我们假设与 s 有关的情形为 s_1 和 s_2,其真值情况如下:

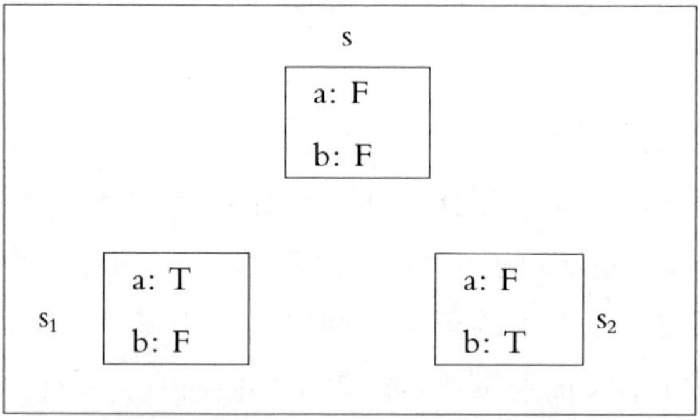

a 在 s_1 情形下为 T;因此,◇a 在 s 情形下为真。同样,b 在 s_2 情形下为 T,因此,◇b 在 s 情形下为真。但是,a & b 在相关状况下都

不为真，因此，$\Diamond(a \& b)$在 s 情形下不为真。

相比之下，下面的推理是有效的：

$$\frac{\Box a \quad \Box b}{\Box(a \& b)}$$

因为如果前提能在 s 情形下为真，那么 a 和 b 就会在所有与 s 有关的状况下都为真。不过，那样的话合取命题 a & b 在所有与 s 有关的状况下也都为真。换言之，$\Box(a \& b)$在 s 情形下为真。

在回到以上讨论对亚里士多德论证有何影响之前，我们需要简要地谈一谈我们在前文没有提到的另一个算子。我们把“如果 a，那么 b”写成 $a \rightarrow b$。这种形式的句子被称为**条件句**，我们会在下一章里多次提及。我们目前需要注意的是，条件句所涉及的主要推理如下：

$$\frac{a \quad a \rightarrow b}{b}$$

(比如：“如果她有规律地外出工作，那么她就会很健康。她确实有规律地外出工作，因此，她很健康。”)现代逻辑学家通常用中世纪逻辑学家赋予它的标签来称呼这样的推理：modus ponens。从字面意义上翻译，它表示“假言推理”。(先别提问。)

现在，对于亚里士多德的论证，我们需要稍稍考虑一下条件句的形式：

如果 a 那么 b 就确实如此了。

这样的句子实际上存在歧义。它所表达的一个意思是，如果 a 事实上是正确的，那么 b 肯定正确。也就是说，如果 a 在我们所讨论的 s 情形下是正确的，那么 b 则在所有与 s 有关的情形下都是正确的。我们可将此意表达为 $a \rightarrow \Box b$。这样的句子会在以下话语中用到："你不能改变过去。如果某事在过去为真，现在不可能不为真。你不能做任何事情来让它按其他方式发生：它是不可改变的。"

条件句形式"如果 a 那么 b 就确实如此了"所表达的第二种意思与第一种意思截然不同。我们经常用这种文字形式来表达 b 由 a 推理而来。如果我们要说以下这样的话时就会使用这样的句子："如果弗雷德打算离婚，那么他肯定是结了婚的。"我们不是说，如果弗雷德打算离婚的话，他的婚姻就不可改变了。我们说的是，除非你结过婚，否则你是不能离婚的。在任何情形下，你都不可能只具有其一而不同时具有另一种可能。也就是说，在任何可能的情形下，如果一个句子为真，那么另一个句子也为真。即 $\Box(a \rightarrow b)$ 是正确的。

这样的话，$a \rightarrow \Box b$ 和 $\Box(a \rightarrow b)$ 的意义就截然不同。当然了，第一个逻辑表达式不是根据第二个推理得到的。$a \rightarrow b$ 在每一种与 s 有关的情形下都为真并不意味着 $a \rightarrow \Box b$ 在 s 情形下为真。a 可能在 s 情形下为真，而 $\Box b$ 则不为真：b 和 a 在某些相关的状况下也许都不为真。或者，给一个具体的反证吧：如果约翰要离婚的话，那么他是结了婚的，这必然为真；但是如果约翰要离婚的话，他必然（不可改变地）是结了婚的，这就肯定不为真了。

最后回到亚里士多德的论证上，我们来看一下我用粗体表示的那个句子："如果说我会遇上车祸为真，那么我就会遇上车祸。”这就是我们刚才一直在讨论的条件句形式。因此，它存在歧义。而且，这个论证利用了这种歧义。如果 a 为句子“说我会遇上车祸为真”，b 为句子“我就会遇上(车祸)”，那么粗体部分的条件句在下面的意义上是正确的：

1. $\Box(a \rightarrow b)$

肯定的情况是：如果说某事为真，那么这件事实际上确实如此。但是，需要确定的是：

2. $a \rightarrow \Box b$

毕竟，论证的下一个步就是要根据“假言推理”由 a 推理得到 $\Box b$。但是，正如我们已讨论过的，表达式 2 是无法由表达式 1 推理得到的。因此，亚里士多德的论证是无效的。另外，完全相同的问题也出现在了论证的第二部分，即条件句“如果说我不会遇上车祸为真，那么我就不会遇上车祸”。

这似乎是对亚里士多德论证的一个令人满意的回答。但是有一个与之相关的论证却无法轻易得到回答。再回过头看看我们曾讨论过的关于改变过去的例证。如果说某些关于过去的陈述为真，现在也必然为真，这种说法似乎是真的。现在无法将它变成假的。黑斯廷斯之战发生在 1066 年，现在人们无法将它改变，让它发生在 1067 年。因此，如果 p 是某个关于过去的陈述，那么 $p \rightarrow \Box p$。

现在来看一看某些关于未来的陈述。比如，我们还举以下断言为例：我明天会遇上车祸。假设这句话为真，那么如果某人在 100 年前说了这句话，他说的也为真。而且即使那时没有人说这句话，如果在更早的时候有人说了这句话，他说的也仍然为真。因此，我明天会遇上车祸在 100 年前就为真了。这个陈述(p)肯定是一个关于过去的陈述，而且由于陈述为真，所以其绝对陈述(□p)也必然为真。因此，我明天会遇上车祸必然绝对为真。不过，这只是一个例证；这个推理可应用到其他任何事物上。因此，任何发生的事情必然会发生。这个宿命论论证并没有犯下前面提到的第一个论证所犯的谬误（使用同样无效的论据）。这样看来，宿命论到底是否为真呢？

> 本章要点
>
> · 每一个情形都与许多与之相关的可能情形相联系。
>
> · 如果 a 在与 s 相关的每一个情形下都为真，那么□a 在 s 情形下就为真。
>
> · 如果 a 在某个与 s 有关的情形下为真，那么◇a 在 s 情形下就为真。

第七章

条件句:每个"如果"里是什么?

在这一章里,我们会致力于讨论我在前一章中简要提到的逻辑算子——条件句。还记得吧,一个条件句就是一个具有"如果 a,那么 c"形式的句子,我们用符号 a→c 来表示。逻辑学家把 a 称作条件句的**前件**,把 c 称作条件句的**后件**。我们在前面也同时注意到,关于条件句最基本的推理是"假言推理":a, a→c/c。条件句对许多推理来说都是至关重要的。前一章只不过举了一个例子而已。不过,条件句却很令人迷惑不解。逻辑学自创立之初就开始研究条件句了。实际上,据一位古代评论家(卡利马丘斯)声称,就连屋顶上的乌鸦也曾经沙哑地嚷嚷着条件句。

我们来看一下为何条件句是令人迷惑不解的(至少找出其中的一个原因)。如果你知道了逻辑式 a→c,那么你似乎可以推理得到¬(a & ¬c)(肯定 a 同时否定 c 是不正确的)。比如,我们假设某人告诉你:如果你赶不上汽车,那么就会迟到。你可以根据这句话推理得到,你会赶不上汽车而又不迟到为假。相反,如果你知道逻辑式¬(a & ¬c),你似乎就可据此推理得到 a→c。比如,假设某人告诉你说,你去看电影不会不花钱(你去看电影而又不花钱为假)。你可以推理得出,如果你去看电影,你就会花钱。

逻辑式¬(a & ¬c)常写成 a ⊃c,被称为**推论条件句**。因此,a→c 似乎与 a ⊃c 表达相同的意思。尤其是,如果采取第二章中的方法,它们必然具有相同的真值表。以下是我留给读者的一个简单练习,以表明这一逻辑式的真值情况:

a	c	a⊃c
T	T	T
T	F	F
F	T	T
F	F	T

但是这张真值表很奇怪。它表明,如果 c 在一个情形下(第一和第三行)为真,那么条件式 a→ c 也为真。这似乎很难是正确的。比如,堪培拉是澳大利亚联邦的首都为真;但是条件句"如果堪培拉不是澳大利亚联邦的首都,那么堪培拉就是澳大利亚联邦的首都"很明显为假。这张真值表同样表明,如果 a 为假(第三行和第四行),那么逻辑式 a→c 也为真。但这也很难是正确的。条件句"如果悉尼是澳大利亚联邦的首都,那么布里斯班[①]也是联邦的首都"很明显也为假。哪里出错了呢?

这些例证要证明的是,符号→不是一个真值函数:逻辑式 a→c 的真值不是由 a 和 c 的真值决定的。"罗马在法国领土之内"和"北京在法国领土之内"都为假,但是以下推理为真:

如果意大利是法国的一部分,那么罗马就在法国领土之内。

① 布里斯班:澳大利亚港市,为澳大利亚昆士兰州首府。

而下面的推理则是错误的：

> 如果意大利是法国的一部分，那么北京就在法国领土之内。

那么，条件句是如何起作用的呢？

一种方法是使用前一章中所讲的可能世界。我们来看一下刚才讨论的两个条件句。在任何一个可能的情形下，意大利被并入了法国，罗马真的就位于法国领土之内。但是在很多可能的情形下，意大利被并入了法国，而这对中国一点影响也没有。因此，北京仍然不在法国领土之内。这表明，只要 c 在与 s（a 在此情形下为真）有关的每一种可能的情形下都为真，那么条件句 a→c 在 s 情形下就为真；并且如果 c 在与s（a 在此情形下为真）有关的某种可能的情形下为假，那么条件句也为假。

这就给了符号→一个似是而非的解释。比如，它表明了“假言推理”为何是有效的——至少在一个假设上是如此。这个假设是把 s 看作是与 s 有关的一个可能情形。这似乎是合理的：任何在 s 情形下**确实**如此的事物肯定会是一种**可能**。现在，我们假设 a 和 a→c 在某个情形 s 下为真。那么 c 在所有与 s（a 在此情形下为真）有关的情形下都为真。但 s 也是其中的一个情形，且 a 在此情形下为真。因此，c 也为真。

再回过头来看一下我们开始所讨论的论证，我们现在可以明白问题出在哪儿了。这个论证所依赖的推理如下：

$$\frac{\neg(a \,\&\, \neg c)}{a \to c}$$

这个推理是无效的。比如，如果 a 在某个情形 s 下为 F，这就足以让推理的前提在 s 下为真。但这并未告诉我们任何关于 a 和 c 在与 s 有关的可能情形下的真值情况。很可能的情况是：在其中的一个情形下，比如说在 s'情形下，a 为真而 c 不为真，如下图所示：

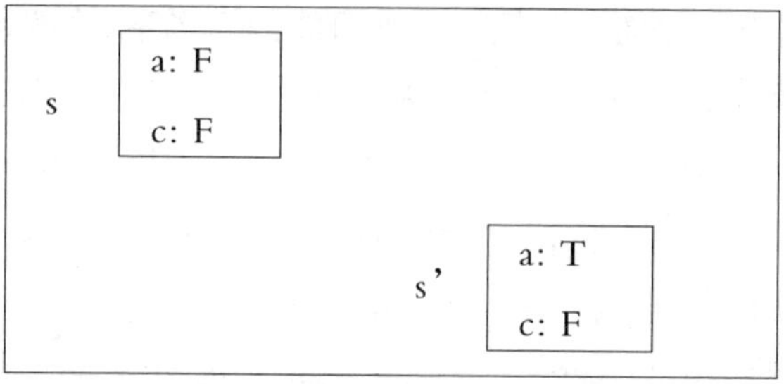

因此，条件句 a→c 在 s 情形下不为真。

我们早些时候谈的那个例子——你被告之你去看电影不会不花钱的情况又是怎样的呢？难道在这种情况下的推理看起来无效吗？假设你知道你去看电影不会不花钱：¬(g & ¬m)。你真的有权得出结论，如果你去看电影就会花钱：g→m？ 未必如此。假设不管怎样，即使晚上的电影免费你也不打算去看电影。（电视上有一个更加有趣的节目。）那么，你知道你会去不为真(¬g)，因此，你会去而且不花钱也不为真：¬(g & ¬m)。那么你有权下结论说如果你去就得花钱吗？ 当然不会：那个晚上也许可以免费观看。

非常重要的是，要注意到，在你被告知之后才知道前提为真的情形下，其他因素通常也在起作用。当某人告诉你¬(g &

¬m)这样的事情时，他通常是在不知道¬g为真的情况下才这么做的。(如果他知道的话，告诉你与这种情形有关的任何事情都没有意义。)如果他告诉了你此事，那是建立在以下基础之上的：g和m之间存在某种关系，你不能在m不为真的情况下而让g为真——这正是认为该条件句为真的原因所在。因此，如果有人告诉了你前提，进行g→m的推理通常是合理的；不过，不是根据所说的内容进行推理——而是根据说话的事实进行推理。

实际上，我们经常不假思索地作出这样的正确推理。比如，假设我问一个人如何使用我的计算机，而他回答道："书架上有一本用户手册。"我于是推理而知，那是一本计算机用户手册。这不是根据实际所说的话推理出来的，但是除非那本用户手册是一本计算机用户手册，否则这句话就与我的问话毫不相干了，而人们通常都说相关的话。因此，我可以得出结论，根据他们说话这一事实可知这是一本计算机用户手册。这种推理不是一个演绎推理。毕竟，那个人可以说这句话，但指的并非是一本计算机用户手册。不过，这个推理仍然是一个非常好的归纳推理，是常被称作**会话含义**的一种推理。

我们刚才对于条件句的解释似乎进展顺利——至少就我们的讨论来看是这样的。不过，它也存在许多问题。以下就是其中的一个问题。请看下面的推理：

如果你去罗马，你就会置身于意大利。

如果你置身于意大利，你就会置身于欧洲。

因此，如果你去罗马的话，你就会置身于欧洲。

图 7 过早地下判断。

如果 x 大于 10 的话，那么它就会大于 5。

因此，如果 x 大于 10 而又小于 100 的话，那么它就会大于 5。

这些推理显得非常有效，而且根据本章的讨论也是如此。我们可以将第一个推理用公式表示如下：

$$1.\quad \frac{a \to b \quad b \to c}{a \to c}$$

为了表明它是如何有效的，我们假设这两个前提都在某个s情形下为真。那么，在每一种与s(a在此情形下为真)有关的可能情形下，b都为真；同样，在每一个b为真的情形下，c都为真。因此，在a为真的每一个情形下，c也都为真。也就是说，a → c在s情形下是正确的。

我们可以将第二个推理用公式表示如下：

$$2.\quad \frac{a \to c}{(a \,\&\, b) \to c}$$

为了表明它是如何有效的，我们假设前提在某个s情形下为真。那么，在每一个与s(a在此情形下为真)有关的可能情形下，c都为真。现在假设a & b在一种相关情形下也为真，那么a在那个情形下肯定也为真，因此c也肯定为真。因此，结论(a & b) → c在s下也为真。

到目前为止，一切论证都很顺利。但问题是，有许多形式上与之完全相同的推理，却似乎是**无效**的推理。比如，我们假设一次首相选举中只有两位候选人，在任首相史密斯和琼斯。现在来看下面这个推理：

如果史密斯在选举前死了，那么琼斯便会赢得选举。如果琼斯赢得选举，那么史密斯便会退休，领养老金过活。因此，如果史密斯在选举前死了，那么史密斯便会退休，领养老金过活。

这完全是形式 1 的一种推理。但是很显然，会存在一个情形，在此情形下这两个前提都为真。可结论则不为真——除非是在某个异乎寻常的情形下，政府会在人死之后继续发放养老金！

或者来看一看下面这个关于史密斯的推理：

如果史密斯从一个很高的悬崖顶上跳下，她会摔死。因此，如果史密斯从一个很高的悬崖顶上跳下并打开随身携带的降落伞，她会摔死。

这是形式 2 的一种推理。不过，很显然，也存在许多前提为真但结论不为真的情形。

人们对此状况将会作何解释呢？请读者自己思考吧。尽管条件句对大多数推理的进行至关重要，但它们却是逻辑学最有争议的领域之一。即便鸟儿不再沙哑地嚷嚷着条件句，逻辑学家肯定还在为此争论不休。

本章要点

- 只要 b 在每一个与 s(a 在此情形下为真)有关的情形下都为真，那么 a → b 在 s 情形下就为真。

第八章

未来和过去:时间真实吗?

时间是我们都很熟悉的。我们计划将来要做的事情,我们回忆过去发生的事情,而有时我们则享受现在的时光。我们在时间中寻找道路并进行有关时间的推理。比如,以下两个推理从直觉上看来是有效的:

天在下雨。	天一直在下雨,这会是真的。
天将会一直在下雨。	天在下雨。

这样的推理似乎都是很基本的推理。

但是一旦开始思考时间,人们似乎就会晕头转向。如奥古斯丁[①]所说,如果没人问我时间是什么,我知道得很清楚;可当有人问我时,我便什么也不知道了。时间最让人迷惑的地方就在于它似乎是在流淌。现在似乎是在运动:一开始是今天,接着是明天……但是,时间是如何变化的呢?时间是衡量**其他万物**变化速度的尺度。这个问题是与时间有关的其他几个难题的核心所在。其中一个难题是由20世纪初期英国哲学家约翰·麦克

① 奥古斯丁(354—430):罗马帝国基督教思想家,早期基督教教父及哲学家。曾任希波勒吉斯地区(现阿尔及利亚)主教(396—430)。著有自传体作品《忏悔录》及长篇作品《上帝之城》。

塔格特·埃利斯·麦克塔格特提出来的。(就是这个名字没错。)就像其他哲学家一样,麦克塔格特对时间非真实这一观点很感兴趣——位于事物终极的时间就是一种幻觉。

为了解释麦克塔格特对这个观点的论证,有必要使用一些符号。就拿一个过去时的句子来说,比如"太阳那时正闪耀着"。我们可以稍微别扭地把这个句子等价地表示为"那时的情况是:太阳正闪耀着"。我们把"那时的情况是:"用**P**(代表过去)来表示。那么,我们便可把这个句子写成"**P**太阳正闪耀着";或者再用s来代替"太阳正闪耀着",整个句子便缩写成**P**s。同样,再举任何一个包含将来时态的句子,比如说"太阳将会闪耀着"。(严格说来,语法学家会告诉你说,英语不像法语和拉丁语那样有特殊的将来时。不过,你也知道我的意思。)我们把这个句子改写为"将来的情况是:太阳正闪耀着"。如果我们把"将来的情况是:"用**F**(代表未来)来表示。那么这个句子便可缩写为**F**s。(不要把这个**F**与表示真值的F混淆了。)

就像□和◇一样,**P**和**F**也是算子,附在完整句上构成新的完整句。而且,也像□和◇一样,**P**和**F**都不是真值函数。"现在是下午4点"与"现在是1999年8月2日的下午4点"这两句都为真(在我写下这两句的时候);"快下午4点了"也为真(在当前时间)——每天都有一刻是下午4点——尽管"快到1999年8月2日的下午4点"却不是每天都有的。逻辑学家把符号**P**和**F**称做**时态算子**。时态算子可以重复叠加和组合。比如,我们可以说"太阳**将会一直**闪耀着",换言之,"将来的情况是:过去的情况是:太阳正闪耀着",即**FP**s。或者,我们可以说"太阳**过去一直**闪耀着",换言之,"过去的情况是:过去的情况是:太阳正闪耀着",即**PP**s。(尽管我们在前一章没有讨论到,我们在前一章所遇到的模态算子也可以这种方式重复叠加。）不是所有的时态算子都有对应的确切英语表达。比如，除了这个没有多少说服力的表达式“将来的情况是：过去的情况是：太阳将会闪耀着”，英语中就没有一个更好的方法来表达 **FPF**s。尽管这样的重复叠加可以产生非常好的语法意义。我们可以称 **P** 和 **F** 的重复叠加形式（如 **FP**、**PP**、**FFP** 等）为**复合时态**。

现在再回到麦克塔格特提出的问题上。他的推理是，如果没有过去和未来，就不会有时间：过去和未来是时间的本质所在。不过，他辩论道，过去性和未来性天生就自相矛盾；因此，现实中没有什么能与它们相对应。也许是吧。但是为什么说过去和未来是矛盾的呢？首先，过去和未来是不相容的。如果某个瞬间事件是过去的，那它就不会是未来的；反之亦然。我们用e 来代表某个瞬间事件。它可以是任何事情；不过，我们假设它代表的是俄国革命中第一颗子弹打穿沙皇尼古拉的心脏。若用 h 来代表句子“e 正发生着”，那么便可得到：

$$\neg(\mathbf{P}h \,\&\, \mathbf{F}h)$$

但是，像所有事件一样，e 有过去和未来。因为时间在流逝，所以所有事件都具有成为未来的特性（在其发生之前），**并**具有成为过去的特性（在其发生之后）：

$$\mathbf{P}h \,\&\, \mathbf{F}h$$

于是，我们便得到了一个矛盾体。

这个论证不可能一直令人信服。一个事件不可能**同时**具有过去性和未来性。子弹穿过沙皇心脏的那一刻是**在不同时间**才成为过去和未来的。它一开始是作为未来之事，短暂的片刻变成了现在，然后就成为了过去。但是，现在——这正是麦克塔格特论证中的狡猾之处——我们正在这里谈论的是什么？我们正在把复合时态应用到句子 h 上。我们正在说，过去的情况是：这个事件是未来之事，即 **PF**h；那么过去的情况是：它是过去之事，即 **PP**h。这样的话，就像简单时态那样，许多复合时态也是不相容的。比如，如果任何事件**将会**成为未来之事，那么它**曾成为**过去之事就不正确：

¬（**PP**h & **FF**h）

但是，就像简单时态一样，时间的流逝足以保证所有事件都有复合时态。在过去，有 **F**h；那么，在遥远的过去，便有**FF**h。在未来，有 **P**h；那么，在遥远的未来，便有 **PP**h：

PPh & **FF**h

于是我们再次得到了一个矛盾体。

那些神智清醒的人会像前面一样回答道，h 在不同的时间有不同的复合时态。那时的情况是：**FF**h；那么，**后来**的情况就变成，那时的情况是：**PP**h。但是，我们正在这里谈论的是什么？我们正在把更复杂的复合时态应用到句子 h 上：**PFF**h 和 **PPP**h；我们用这些复杂的复合时态进行论证，结果还是完全相同。这些复合时态彼此一点也不相容，时间的流逝却使得句子 h 拥有了所有的复合时态。我们也许会**再次**以同样的方式作出答复,但是这个答复也还会得到同样的抗辩。每当我们试图用一组时态来摆脱这个矛盾体时,我们只不过是在用同样矛盾的其他时态来描述事物而已;因此,我们永远摆脱不了这个矛盾体。这就是麦克塔格特的论证。

人们对此会有什么看法呢?为了回答这个问题,我们得先看看有关时态推理的效度问题。为了便于解释,我们假设每一个情形(s_0)都与一组其他情形一起出现——这次与模态算子不同,这些情形不表示与 s_0 有关的可能性,而只表示 s_0 前或s_0 后的情形。就像我们通常认为的那样,我们假设时间是一维的,且在过去和未来两个方向上都是无限的,我们可以用一种非常熟悉的方式来表示这些情形:

$$\cdots\cdots s_{-3} \quad s_{-2} \quad s_{-1} \quad s_0 \quad s_1 \quad s_2 \quad s_3 \cdots\cdots$$

其中,左为先,右为后。同样,每个 s 都可为每一个没有这些时态算子的句子提供一个真值 T 或者 F。带有时态算子的句子的情况又怎样呢?只要句子 a 在 s 左边的某个情形下为真,那么 **P**a 在任何 s 情形下都为 T;同时,只要句子 a 在 s 右边的某个情形下为真,那么 **F**a 在任何 s 情形下都为真。

我们在进行这样的推理运算时,可增加两个新的时态算子,**G** 和 **H**。**G** 可以读作"将来总会是",而且,只要句子 a 在 s 右边所有情形下都为真,那么 **G**a 在任何 s 情形下也都为真。**H** 可以读作"过去一直是",而且,只要句子 a 在 s 左边**所有**情形下都为真,那么 **H**a 在任何 s 情形下也都为真。(**G** 和 **H** 分别与 **F** 和 **P** 相对应,就像□与◇相对应一样。)

这一方法可以向我们证明为何本章开头部分的两个推理

是有效的。这两个推理可应用这些时态算子分别表示如下：

$$\frac{r}{\mathbf{FP}r} \qquad \frac{\mathbf{FH}r}{r}$$

第一个推理是有效的，因为如果 r 在某个情形 s_0 下为真，那么，在 s_0 右边任何一个情形(比如说 s_1)下，**P**r 都为真(因为 s_0 在它的左边)。但是，这样的话，**FP**r 在 s_0 下为真，因为 s_1 在 s_0 的右边。我们可以用下面的方法来描述：

$$\cdots\cdots\ s_{-3}\quad s_{-2}\quad s_{-1}\quad s_0\quad s_1\quad s_2\quad s_3\ \cdots\cdots$$

r

Pr

FPr

第二个推理是有效的，因为如果 **FH**r 在 s_0 情形下为真，那么，在 s_0 右边某个情形(比如说 s_2)下，**H**r 也为真。但是，这样的话，在 s_2 左边所有情形下，尤其是在 s_0 情形下，r 都为真：

$$\cdots\cdots\ s_{-3}\quad s_{-2}\quad s_{-1}\quad s_0\quad s_1\quad s_2\quad s_3\ \cdots\cdots$$

FHr

Hr

r r r r r

而且，就像人们所期望的那样，某些时态组合是不可能的。因此，如果 h 是一个只在某一个情形(比如说 s_0)下为真的句子，那么 **P**h & **F**h 在任一个 s 情形下都为假。两个合取项在 s_0

下为假，第一个合取项在 s_0 左边的情形下为假，第二个合取项在 s_0 右边的情形下为假。同样，**PP**h & **FF**h 在任何一个 s 情形下也都为假。请读者自己进行详细推理吧。

那么，这对麦克塔格特的论证又有什么意义呢？还记得吧，麦克塔格特论证的结果是，假设 h 具有每一种可能的时态，那么它永远会无法避免地出现自相矛盾。以复杂的复合时态来解决矛盾的话，只会让它们再陷入其他的矛盾之中。就我所描述的时态算子而言，这是错误的。我们假设 h 只在 s_0 情形下为真，那么任何与 h 有关的、具有一种复合时态的陈述**在某个情形下**也为真。比如，我们假设 **FPPF**h。它在 s_{-2} 情形下为真，如下图所示：

……	s_{-3}	s_{-2}	s_{-1}	s_0	s_1	s_2	s_3	……
				h				
			Fh					
					PFh			
						PPFh		
		FPPFh						

显然，我们可以对每一种包含 **F** 和 **P** 的复合时态（不管在左边还是右边）按要求进行同样的推理。而且，所有这些推理都是完全一致的。情形的无限性使得我们可以在不违反它们彼此不相容的情况下，在适当的地方赋予句子 h 所有复合时态，比如，可让 **F**h 和 **P**h 在相同的情形下都为真。因此，麦克塔格特的论证是错误的。

这对那些相信时间的现实性的人来说是一个令人高兴的结果。但是，那些赞同麦克塔格特论证的人也许还没有被我们

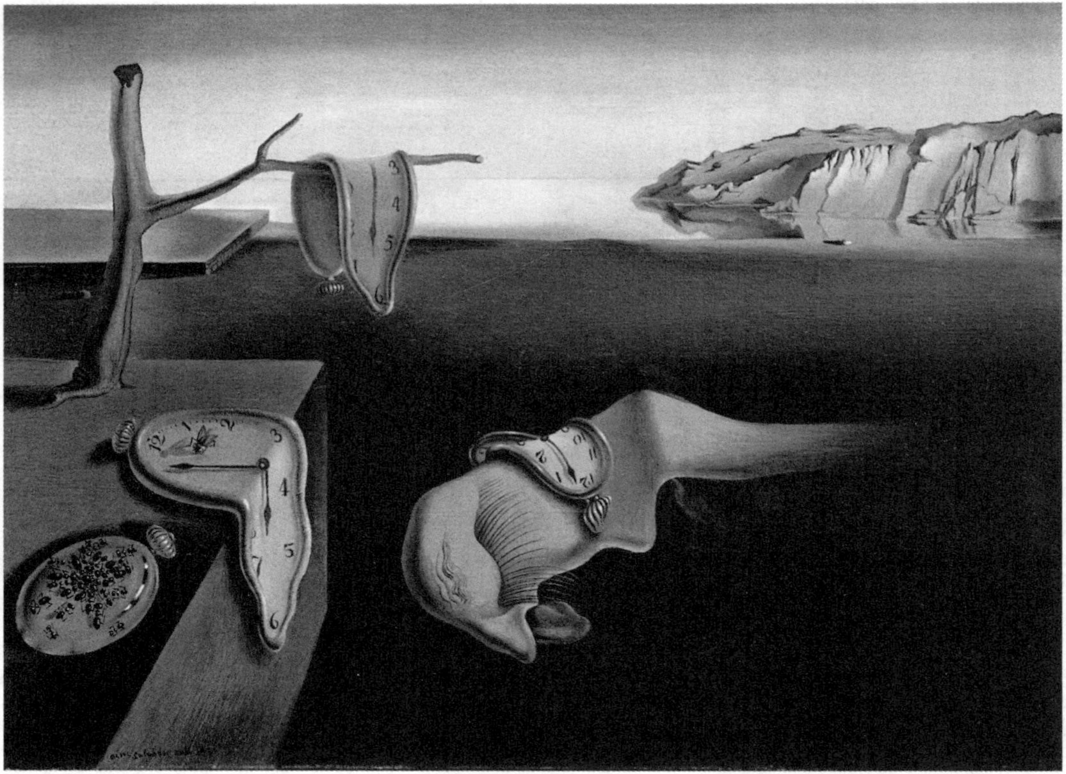

图 8 空间不流动。萨尔瓦多·达利的名画《永恒的回忆》。

的描述所说服。假设我给你一组建造一所房子的具体要求：前门在这里，一扇窗户在那儿……你是怎么知道这些要求都是一致的呢？你是怎么知道在建造的时候一切要求都能满足，并且不会被要求呢——比如说，把门放到不相匹配的位置上？解决这个问题的一个方法就是先造一个与所有建造要求一致的模型。如果能造一个这样的比例模型，这些建造要求就一致了。这也是我们讨论时态时同样要做的事情。这个模型就是情形序列加上赋予每个时态句子 T 值和 F 值的方法。这个模型要比房子的模型稍微复杂些，但其中的原理在本质上是相同的。

不过，也许你可能会反对一种模型。模型有时会忽略掉重要的事情。比如，在一个房屋的比例模型中，一根横梁也许不会坍塌，因为它承受的压力要比实际情况下所承受的压力小得多。真正建筑中的横梁也许需要承担过重的重量，这样真正的建筑就不可能被建造出来了——模型却仍然可以。同样，我们的时间模型会忽略掉重要的事情。毕竟，我们所做的也只是给出时间的一个**空间**模型（左、右等等）。但是，空间和时间是截然不同的。空间不以时间流动的方式流动（不管那实际是怎样的方式）。正是因为时间的流动才产生了麦克塔格特所指的那个假想的矛盾体。难怪这没有在模型中出现呢！那么，模型中到底漏掉了什么呢？一旦把它也考虑进去，这样的矛盾还会重现吗？

本章要点

- 每一个情形都与许多先前的和后来的情形一起出现。
- 如果 a 在某个后来的情形下为真，那么 **F**a 在该情形下就为真。
- 如果 a 在某个先前的情形下为真，那么 **P**a 在该情形下就为真。

- 如果 a 在每一个后来的情形下为真，那么 **G**a 在该情形下就为真。
- 如果 a 在每一个先前的情形下为真，那么 **H**a 在该情形下就为真。

第九章

身份和变化：事物永远相同吗？

我们还没有结束对时间的讨论。时间还在其他许多难题中出现，本章中我们将探讨其中的一种。这类难题涉及事物变化时所产生的问题，尤其涉及即将谈到的那些在时间中发生变化的物体的同一性问题。

下面就是一个例子。我们都认为物体能在变化中保存下来。比如，当我油漆橱柜时，尽管它的颜色也许发生了变化，可它还是同一个橱柜。或者当你改变发型，或者假如你不幸失去了一条腿或胳膊，你还是你。但是，事物是如何在变化中保存下来的呢？当你改变发型时，发型改变后的人是不同的，截然不同。如果发型改变后的人不同了，那么他就是一个不同的人；因此，原来的你就不复存在了。同样道理，有人会争辩说，没有什么物体能从任何变化中持续不变地保存下来。因为任何变化都意味着原来的物体不复存在，而且被一个完全不同的物体所取代。

这样的论据在哲学史上的不同时期都出现过；但是现在的逻辑学家基本上一致认为这样的论据是错误的，是建立在一种简单的模糊性之上的逻辑。我们必须要区分一个物体和它的属性。当我们说具有不同发型的你是不同的，我们是在说你具有不同的属性。这并不表示你实际上会像我与你不同那样成为一个完全不同的人。

人们之所以不能区分成为某个物体和具有某种属性，是因为在英语中，动词 to be 和它的不同的语法形式——is, am 等等——能用来表达这两个方面的意义。(其他语言中类似的词语也是如此。)如果我们说“桌子是红色的”、“你的头发现在很短”等等，我们是在赋予一个物体以某种属性。但是，如果某人说“我是格雷厄姆·普里斯特”，“赢得赛跑的人就是去年赢得赛跑的那个人”等等，那么他是在以某种方式识别某人。换言之，他是在陈述某人的身份。

逻辑学家把 is 的第一种用法称作**述谓词** is，第二种用法称作**身份识别词** is。由于这两种用法有不同的属性，我们需要以不同的方式来表示。述谓词 is 我们在第三章中已经遇到过了。John is red 经典的表示形式为 jR。(实际上，就像我在第三章中指出的那样，更为普通的表示形式为 Rj。)身份识别词 is 用我们学数学时就很熟悉的 = 来表示。因此，“约翰就是那个曾经赢得赛跑的人”便可表示为：j = w。(名称 w 在这里表示一个摹状词，不过这在此没有多大意义。)这样的句子被称为**身份识别句**。

身份具有什么样的属性呢？首先，它是一种关系。关系是一种将两个对象联系起来的东西。比如，**看**就是一种关系。如果我们说“约翰看见了玛丽”，那么我们就是在陈述他们间的关系。由一种关系联系起来的对象未必就非得不一样。如果我们说“约翰看见了他自己”(也许是在镜子中)，那么我是在陈述约翰与自己之间的一种关系。因此，身份是一种非常特殊的关系，是每个对象与自身产生的关系而非与其他对象的关系。

你也许认为这会使身份变成一种毫无用处的关系，但事实并非如此。比如,如果我们说"约翰是那个曾经赢得赛跑的人",那么我们就是在说由"约翰"所指的对象和由"那个曾经赢得赛跑的人"所指的对象之间的身份关系——也就是说,这两个名称指的是完全相同的一个人。这会是一个非常重要的信息。

不过,关于身份,最重要的莫过于它所涉及的推理。以下就是一例:

> 约翰是那个曾经赢得赛跑的人。
>
> 那个曾经赢得赛跑的人获奖了。
>
> 因此,约翰获奖了。

我们可把这个推理表示如下:

$$\frac{j = w \quad wP}{jP}$$

这个推理在以下条件下是有效的:对任何对象 x 和 y 来说,如果 $x = y$,那么 x 便具有 y 所具有的任何属性,反之亦然。一个完全相同的对象要么具有所说的那个属性,要么不具有。为了纪念莱布尼茨,这被称为**莱布尼茨定律**——我们在第六章中已提到过此人。莱布尼茨定律的一个应用就是:第一个前提是身份陈述,比如说 $m = n$,第二个前提则是一个侧面说明身份标记的名称(比如说 m),那么结论可以通过用 n 替代 m 来获得。

莱布尼茨定律是一个非常重要的定律,它有许多毫无问题的应用。比如,高中代数告诉我们:$(x + y)(x - y) = x^2 - y^2$。因此,如果你在解一个代数题目,并已知 $x^2 - y^2 = 3$,那么你就可以应用莱布尼茨定律得到$(x+y)(x-y)=3$。不过，这种具有欺骗性的简单隐藏了很多问题。尤其是，似乎有许多反例存在。比如，请看下面这个推理：

> 约翰是那个曾经赢得赛跑的人。
>
> 玛丽知道那个曾经赢得赛跑的人获奖了。
>
> 因此，玛丽知道约翰获奖了。

图 9　哥特弗雷德·威廉·冯·莱布尼茨(1646—1716)，现代最后一位著名的逻辑学家。

这个推理看起来像是莱布尼茨定律的一个应用，因为结论是通过用“约翰”来代替第二个前提中的“那个曾经赢得赛跑的人”而获得的。然而，很明显，两个前提都可能为真，而结论却未必为真：玛丽也许不知道约翰就是那个赢得赛跑的人。这个推理违背了莱布尼茨定律吗？未必如此。该定律说，如果 x = y，那么 x 的任何属性也是 y 的一种属性。那么，“玛丽知道 x 获奖了”这一条件表达了 x 的一个属性吗？并非当真如此：相反，该句似乎表达出了玛丽的一个属性。如果玛丽突然间不复存在了，这并不会对 x 有任何的改变！（“知道”这样的逻辑表述语在逻辑学里仍然是有争议的。）

另外一个问题如下。这里有一条路，一条柏油碎石路，我们称之为 t。这里有一条路，一条泥土路，我们称之为d。可是，这两条路是同一条路，t = d。只不过柏油碎石路通向路的尽头。因此，根据莱布尼茨定律，t 是一条泥土路，而 d 是一条柏油碎石路——它们可不是同一条路。问题出在哪里呢？我们不能说泥土或者柏油碎石就不是马路的真正属性。它们确实是马路的属性。问题（可论证地）在于，我们对属性的规范要求不够精确。相关的属性是路的**某某地方是柏油碎石**而在**某某地方则是泥土**。由于 t 和 d 是同一条路，它们同时具有这两种属性，因此，我们并未违背莱布尼茨定律。

到目前为止一切都很顺利。这些问题都相对比较简单。我们现在来看一个不那么容易的问题。但是，现在要把时间因素考虑在内。为了解释这个问题的症结，有必要使用前一章所介绍的时态算子，尤其是符号 **G**（“将来总会是：”）。我们用 x 来表示任何事物（一棵树、一个人等），请思考一下这个陈述：x = x。这个陈述说明 x 具有与 x 完全一样的属性，这显然为真：这恰恰就是身份的意义所在。不管时间怎样改变,这个陈述都是如此。这不仅在目前如此,在未来的所有时间里也是如此,在过去的所有时间里也都是如此。这样的话,**G**x = x 为真。现在,来看下面这个莱布尼茨定律的实例:

$$\frac{x = y \quad \mathbf{G}x = x}{\mathbf{G}x = y}$$

(我们只用 y 替代了第二个前提中的一个 x,千万别让这个做法弄懵了。这样运用莱布尼茨定律非常有意义。只要看一看下面这个例子便可清楚它的意义:“约翰是那个曾经赢得赛跑的人,约翰看见了约翰,因此约翰看见了那个曾经赢得赛跑的人。”)这个推理要证明的是,如果 x 与 y 完全一样,且 x 具有 x 在未来所有时间里都完全一样的属性,那么 y 也具有这样的属性。如我们刚才所注意到的,既然第二个前提为真,那么便可推理得到:如果两个事物完全一样,它们将永远一样。

这个推理怎么样?简单地说,它未必总是正确的。比如,我们来看一下变形虫吧。变形虫是单细胞水生物,靠分裂生殖进行繁衍:一个变形虫会从中间裂开,分成两个变形虫。现在,我们假设某个变形虫 A,分裂后变成两个变形虫 B 和 C。在分裂前,B 和 C 都曾经是 A;因此,在分裂前,B = C。可是,在分裂后,B 和 C 是不同的变形虫,即¬B = C。因此,即使两个事物现在一样,未必就表明它们将来还一样。

我们不能以前面解决问题的方法来解决这个问题。与将来所有时间内的 x 完全一样的属性肯定就是 x 的一个属性。这似乎也没有表明这种属性不够明确。我们似乎也无法使它更精确,以避免这一问题。

人们还会说什么吗?一个自然的想法是这样的。在分裂前,B 并不是 A:它只是 A 的一**部分**。但是,B 是一个变形虫,而 A 是一个单细胞生物:它没有哪个部分是单独的变形虫。因此,B 不是 A 的一部分。

人们也许会更为极端地认为,B 和 C 在分裂前实际上并不存在,分裂时它们才开始存在。如果它们在分裂前不存在的话,那么它们在分裂前就不是 A。因此,在分裂前就不存在 B = C。但是这似乎也是错误的。B 并不是一个新的变形虫;它的确是 A,只不过它的一些属性发生了变化而已。如果这还不够清楚的话,我们再假设 C 在分裂生殖时死掉了。这样,我们就会毫不犹豫地说 B 就是 A。(这就像蛇蜕皮那样。)因此,事物的身份不会因为它周围有没有其他事物而受到影响。因此,A 就是B。同样,A 也是 C。

当然,人们也许会坚持说,因为 A 呈现出了新的属性,所以严格说来,它是一个新的事物,而不仅仅是一个具有新属性的旧事物。因此,B 不是真正意义上的 A。C 同样不是。不过,这样的话,我们又回到了本章开头的那个问题上了。

本章要点

- 如果名称 m 和 n 所指的对象相同,那么 m = n 为真。
- 如果两个对象相同,那么一个对象的任何一种属性也是另一个对象的一种属性(莱布尼茨定律)。

第十章

模糊性：你如何在滑坡上停止下滑？

我们在讨论身份这一主题时，又产生了另外一个问题。每个事物都会随着时间流逝而产生消耗。有时候，部分被取代了。摩托车和汽车换了新的离合器，房子换了新的屋顶，甚至人体中单个细胞也随着时间推移而被新的细胞所取代。这样的变化并不影响事物的身份。当我更换摩托车的离合器时，它还是原来的摩托车。现在，我们假设过了几年时间，我把“黑色霹雳”牌摩托车的每个部件都更换了。作为一个细心的人，我保留了原来的旧部件。当每个部件都被更换掉后，我把所有原来的部件都重新装好，重新制造出原来的那辆摩托车。但开始时它是“黑色霹雳”，更换一个部件并不影响它的身份：它还是同一辆摩托车。所以，每次更换一个部件后也是如此，这个机器仍然是“黑色霹雳”；直到最后，它还是——“黑色霹雳”。但是我们知道这是不正确的。车库里，“黑色霹雳”现在就立于它旁边。

这里还有一个例子表明了同样的问题。一个 5 岁的人（从生理上来讲）还是一个孩子。如果某人是一个孩子，那么一秒钟之后，他 / 她还是一个孩子。这样的话，再过一秒钟，他 / 她还是一个孩子，再过一秒钟，再过一秒钟……过了 630,720,000 秒钟后，他 / 她还是一个孩子。但是，那时他 / 她却已经 25 岁

图 10　一个摩托车手的困惑。

了!

这样的论证被认为是由欧布里德创造使用的,这个欧布里德还创造了我们在第五章所说的骗子悖论。这些论证现在被称为**连锁推理悖论**。(这种论证的标准形式是:每次增加一粒沙子,永远也不能形成一个沙堆;“连锁推理”这个词来源于希腊单词 soros,意思是“堆”。)这些是逻辑学中最让人恼火的一些悖论。它们之所以会产生是由于其所使用的谓语(“是黑色霹雳”,“是一个孩子”)在某种意义上是**模糊的**;换言之,它的适应性只允许非常小的变化:如果应用到一个事物上,那么事物中一个非常小的变化不会改变这个事实。实际上,我们在日常对话中所使用的这种谓语在这个意义上都是模糊的:“是红色的”、“是清醒的”、“是高兴的”、“是喝醉了的”——甚至“是死了的”(死亡需要时间)。因此,连锁推理之类的滑坡论证极有可能在我们的推理中普遍存在。

为了集中探讨连锁推理问题,我们详细地来看一下下面这个论证。假设杰克就是那个 5 岁的孩子。我们用 a_0 来表示句子“零秒之后杰克是个孩子”,用 a_1 来表示句子“一秒之后杰克是个孩子”。如 n 是任意一个数字,那么 a_n 则表示句子“n 秒之后杰克是个孩子”。假设 k 是个非常大的数字,至少有 630,720,000 那么大。我们知道,a_n 是正确的。(在零秒之后,杰克仍然是5 岁。)对于每个数字 n,我们进行以下条件推理:$a_n \rightarrow a_{n+1}$。(如果杰克在任何时间是一个孩子,那么他在一秒钟之后仍然是孩子。)我们可以采用“假言推理”的推理顺序把所有这些前提联结起来:

$$\cfrac{\cfrac{a_0 \quad a_0 \rightarrow a_1}{a_1} \quad a_1 \rightarrow a_2}{a_2}$$

$$\ddots$$

$$\frac{a_{k-1} \quad a_{k-1} \rightarrow a_k}{a_k}$$

最后得到了 a_k，我们知道 a_k 不为真。什么地方出现了错误，而且似乎也没有多少回旋的余地。

那么，我们又有什么好说的呢？下面是一个解决方案，它有时被称作**模糊逻辑**。作为孩子的属性似乎逐渐地淡出，而作为（从生理上讲）成人的属性则似乎渐渐显现。人们很自然地会认为"杰克是个孩子"逐渐地由真变为假。那么，真实性是根据不同程度逐渐显现的。假设我们用 1 和 0 之间的数字来衡量这些程度，1 表示完全为真，0 则表示完全为假。于是，每一个情形都赋予每个句子这样一个数字。

那些包含否定和合取等算子的句子的情况又是怎样的呢？随着杰克长大，"杰克是个孩子"的真值就降低了。"杰克不是个孩子"的真值就逐渐增加。这表明，$\neg a$ 的真值就是 1 减去 a 的真值。假如我们把 a 的真值写作 $|a|$，那么，我们便可得到：

$$|\neg a| = 1 - |a|$$

下表列出了某些样例的真值情况：

a	¬a
1	0
0.75	0.25
0.5	0.5
0.25	0.75
0	1

合取命题的真值又是怎样的呢？一个合取命题只能具有真值最低的合取项的真值。因此，人们很自然地认为，a & b 的真值就是 |a| 和 |b| 中**最小**的那一个。

$$|a \& b| = \mathrm{Min}\ (|a|, |b|)$$

下表列出了某些样例的真值情况，a 的真值列于左边一列，向下递减；b 的真值列于表顶部那一行。相应的a & b 的真值则列在纵横交汇处。比如说，我们要找到 |a & b| 的真值，而 |a| = 0.25，|b| = 0.5，那么就找数字的纵横交汇处。结果用黑体标明了。

a & b	1	0.75	0.5	0.25	0
1	1	0.75	0.5	0.25	0
0.75	0.75	0.75	0.5	0.25	0
0.5	0.5	0.5	0.5	0.25	0
0.25	0.25	0.25	**0.25**	0.25	0
0	0	0	0	0	0

类似地，一个析取命题的真值就是析取项的**最大**(更大)真值，即：

$$|a \vee b| = \mathrm{Max}\,(|a|, |b|)$$

请读者自己画出一张某些样例的真值表。请注意，根据上文的阐述，符号¬，& 和 V 仍然是真值函数符号。换言之，a & b 的真值还是由命题 a 和 b 的真值决定的。只不过那些真值现在变成了 0 到 1 之间的数字，而不是原来的 T 和F。（不过，也许值得注意的是，如果我们把 1 看作 T 且把 0 看作 F，那么真值只为 1 和 0 的情况就会与第二章中所谈到的真值函数情况一样，您自己可以核实一下。）

条件句的情况又是怎样的呢？我们在第七章已经看到，有很多合理的理由说明符号→不是一个真值函数，不过，我们在这里可把这些担心放到一边。如果它是一个真值函数，考虑到真值程度，它又会是哪一个函数呢？似乎也没有什么明显的答案。这里是一个(相当标准的)建议，它至少可以对结果进行正确的**分类**。

如果 $|a| \leq |b|$: $|a \to b| = 1$

如果 $|b| < |a|$: $|a \to b| = 1 - (|a| - |b|)$

(符号＜表示“小于”，≤表示“小于或等于”。）因此，如果条件句的前件不像后件那么正确的话，那么该条件句完全为真。如果前件比后件更加正确，那么条件句的真值就小于最大值减去前件和后件的真值之差。下表列出了某些样例的真值情况。（a

的真值列于左边这一列，向下递减；b 的真值列于表顶部那一行。）

a → b	1	0.75	0.5	0.25	0
1	1	0.75	0.5	0.25	0
0.75	1	1	0.75	0.5	0.25
0.5	1	1	1	0.75	0.5
0.25	1	1	1	1	0.75
0	1	1	1	1	1

推理的效度又是怎样的呢？如果一个推理的结论在前提正确的每一个情形下都正确的话，那么它就是有效的。但是，现在的情况是，在某个情形下是正确的指的又是什么呢？指的是它足够正确。但是怎样才算足够正确？那就要根据语境而定。比如说，“是一辆新的自行车”是一个模糊的谓语。如果你去一个自行车经销商那儿，他告诉你某辆车是新的，你就会期望它是从未使用过的。换言之，你期望“这是一辆新的自行车”具有真值1。而另一方面，假设你去参加一个公路车赛，被要求选新的自行车。你会选那些不超过一年的自行车。换言之，你的可接受的新自行车标准就更为宽泛了。“这是一辆新的自行车”只需要，比如说 0.9 或更大一点的数值。

因此，我们假设存在由语境所确定的某个可接受的水平。这可能是 0 与 1 之间的某个数字——也许在极端情况下就是1本身。我们用符号 ε 来表示这个数字。这样，只要在每一个前提的真值都至少像 ε 一样大的情形下，一个推理的真值至少也像 ε 一样大，那么它在该情形下就是正确的。

那么，这对连锁推理悖论又有什么意义呢？假设我们有一组连锁推理。就像前文一样，我们用 a_n 表示句子“n 秒之后杰克是个孩子”；但为了易于操作，我们假设杰克四秒后就长大了！那么，便可产生如下一张真值的记录表：

a_0	a_1	a_2	a_3	a_4
1	0.75	0.5	0.25	0

$a_0 \to a_1$ 具有 0.75 的真值［=1 − (1 − 0.75))］；$a_1 \to a_2$ 的真值也是这么大；实际上，每一个条件句形式 $a_n \to a_{n+1}$ 的真值都是 0.75。

这告诉我们，连锁推理悖论依赖的是可接受水平 ε，它在这里是起作用的。假设语境要求有最高的可接受水平，即 $\varepsilon=1$，在这种情况下，“假言推理”是有效的。因为，假设 $|a| = 1$，且 $|a \to b| = 1$。由于 $|a \to b| = 1$，所以我们必然具备 $|a| \leq |b|$ 的条件。于是可推理得到 $|b|=1$。因此，连锁推理的论证是有效的。但在这种情况下，条件句的每个前提的真值若为 0.75 则是不可接受的。

另一方面，如果我们把可接受水平设置为小于 1，那么“假言推理”的结果就是无效的。为了阐述方便，我们假设 $\varepsilon=0.75$。如我们前面所见，a_1 和 $a_1 \to a_2$ 的真值都为 0.75，但 a_2 的真值却是 0.5，小于 0.75。

这样，不管你采取这两种方法中的哪一种，这个论证都是错误的。要么某个前提是不可接受的；要么前提是可接受的，但推理得到的结论却没有效度。为何我们这么容易就被连锁推理蒙骗呢？也许是因为我们混淆了完全正确和几乎正确。不能对此进行区分通常不会造成多大差异。但是，如果你一次又一次地进行推理后，它就会造成很大差异了。

这是对这个问题的一种分析。但是有了模糊性,什么也别想简单明了。说“杰克是个孩子”完全为真,但到了某个特定的时间点它又变成完全为假了,问题出在哪里呢?不过似乎也不存在这样的一个时间点。人们选择任何一点作为界限都是非常任意的,它至多是一个习惯性行为。但是,现在的情况是:在杰克成长的哪一个时间点上他百分之一百地不再是一个小孩了?换言之,在哪个时间点上“杰克是个小孩”的真值由 1 变成小于 1 了?像前面所说的那样,人们选择任何一点划界都是任意之举。(有时,这被称作**高位数模糊性**问题。)如果这是正确的,那么我们并没有真正解决模糊性的最基本问题,我们只不过是把它重新定位了一下而已。

本章要点

- 真值是 0 到 1 之间的数字(包含 0 和 1)。
- $|\neg a| = 1 - |a|$
- $|a \vee b| = Max\ (|a|, |b|)$
- $|a \,\&\, b| = Min\ (|a|, |b|)$
- 如果 $|a| \leq |b|$, $|a \rightarrow b| = 1$;
  如果 $|a| > |b|$, $|a \rightarrow b| = 1 - (|a| - |b|)$
- 只要一个句子的真值至少与(语境所决定的)接受水平一样大,那么它在该情形下就为真。

第十一章
概率：缺少基准组类的特例

前面各章至少让我们初步认识到了什么样的推理从演绎的角度来看是有效的，并了解了其中的原因。现在该回到归纳效度的讨论上了：探讨那些前提为结论提供某种背景的推理的效度问题；不过，即使前提在某个情形下为真，结论仍然可以为假。

正如我在第一章所提到的，夏洛克·福尔摩斯很擅长这种推理。下面我们就以他的一个推理为例作为我们讨论的开始。《红发会》之谜是这样开头的，一位杰贝兹·威尔逊先生来拜访福尔摩斯和华生。当威尔逊进屋时，华生就想看看福尔摩斯是怎样对他进行推断的：

> “他干过一段时间的体力活，吸鼻烟，是个共济会会员，到过中国，最近写过不少东西。除了这些显而易见的情况以外，我推断不出别的什么。”
>
> 杰贝兹·威尔逊先生在他的坐椅上突然挺直了身子，他的食指仍然压着报纸，但眼睛已转过来看着我的同伴。
>
> 他问道：“我的老天爷！福尔摩斯先生，你怎么知道这么多我的事？”

福尔摩斯很高兴地进行了解释。比如，关于写东西他是这样说的：

> “还有别的什么更能说明问题吗？那就是：你右手袖子上足有五寸长的地方闪闪发光，而左手袖子靠近手腕经常贴在桌面上的地方打了个整洁的补丁。”

尽管福尔摩斯习惯把这样的推理称为一种演绎推理，这个推理实际上却是一种归纳推理。即使没有写什么东西，威尔逊的衣服也会呈现上述特征，这是完全有可能的事。比如说，这件衣服很可能是他从某个曾经写过东西的人那里偷来的。这个推

图 11　福尔摩斯展示他高超的逻辑推理能力。

理显然也很有道理。是什么使得这个推理以及类似的推理显得很有道理的呢？一种似乎可信的答案就是概率。下面我们就来谈一谈概率，之后再回到这个问题上来。

概率就是赋予一个句子的一个数字，用于测量在某种意义上这个句子正确的可能性有多大。我们用 pr(a)来表示句子 a 的概率。按照惯例，我们用 0 到 1 之间的数值来测量概率。如果pr(a) =0，那么句子 a 肯定为假；随着 pr(a)的增大，句子 a 正确的可能性就越大，直到 pr(a) =1 时，句子 a 肯定为真。

对这些数字我们还有什么要说的吗？让我们以一个简单的例子来阐述吧。假设我们来思考某一周内各天的天气情况。我们用 w 来表示一个句子（不管它的内容在每一天是正确的还是错误的——比如说“天很暖和”），用 r 表示另外一句话——比如说“天在下雨”。相关信息列于下表：

	星期一	星期二	星期三	星期四	星期五	星期六	星期天
w			√	√		√	√
r		√	√			√	

打勾表示这个句子在那一天为真，空白表示该句在那一天不为真。

如果我们谈论这一周的情况，那么在任意选择的某一天，天气暖和的概率为多少呢？有四天天气暖和，而一周共有七天。因此，概率为 4/7。类似地，有三天是下雨的，因此下雨的概率为 3/7：

pr(w) = 4/7

pr(r) = 3/7

一般地，如果我们用 #a 表示句子 a 为真的天数，用 N 表示总天数，那么：

$$pr(a) = \#a/N$$

概率与否定、合取和析取之间的关系如何？我们先来看一下否定。¬w 的概率是多少？你看，共有三天不是很暖和，因此 pr(¬w) = 3/7。注意，pr(w)和 pr(¬w) 之和等于 1。这并不是什么偶然。我们有以下公式：

$$\#w + \#\neg w = N$$

将等式两边都除以 N，我们便可得到：

$$\frac{\#w + \#\neg w}{N \quad N} = 1$$

即，pr(w) + pr(¬w) = 1。

合取和析取的情况如下：共有两天是既暖和又下雨的，因此，pr(w & r) = #(w & r)/N =2/7。共有五天是要么暖和要么下雨的，因此，pr (w V r) = #(w V r)/N = 5/7。这两个数字之间的关系如何呢？为了获得 w V r 为真的天数，我们可以用 w 为真的天数加上 r 为真的天数。但这样是行不通的，因为有些天被计算了两次：星期三和星期六。这两天既下雨又很暖和。因此，为了获得正确的数字，我们得减去既下雨又暖和的天数，即：

$$\#(w \vee r) = \#w + \#r - \#(w \,\&\, r)$$

等式两边都除以 N,我们便得到:

$$\frac{\#(w \vee r)}{N} = \frac{\#w}{N} + \frac{\#r}{N} - \frac{\#(w \,\&\, r)}{N}$$

也就是说:

$$pr(w \vee r) = pr(w) + pr(r) - pr(w \,\&\, r)$$

这就是合取命题和析取命题的概率之间的总体关系。

我们在前一章中看到,真值的程度也可用 0 到 1 之间的数字进行测量,因此我们也许会自然而然地认为真值的程度和概率是一样的。其实它们并不一样。尤其是在进行合取和析取运算时,算法截然不同。对真值的程度来说,析取是一个真值函数。具体来说,$|w \vee r|$ 的真值是 $|w|$ 和 $|r|$ 真值中最大的那个;而 $pr(w \vee r)$的概率却不只是由 $pr(w)$和 $pr(r)$决定的,我们刚才也看到了这一点。尤其在我们刚才所举的例子 w 和 r 中,$pr(w) = 4/7$,$pr(r) = 3/7$,$pr(w \vee r) = 5/7$。但是,如果 $|w| = 4/7$,且 $|r| = 3/7$ 的话,$|w \vee r|$ 的真值就应该是 4/7,而不是 5/7。

在我们回头讨论归纳推理以前,再谈一点我们需要知道的概率知识。还以我们所举的一周情况为例,任选某一天,下雨的

概率为 3/7。不过,假设你知道这一天很暖和,那么现在下雨的概率又是多少呢? 共有四个暖天, 但其中只有两天是雨天,因此,概率为 2/4。这个数字被称为**条件概率**,写成:pr(r | w),表示 r 在 w 条件下的概率。我们如果再多加思考一下,便可获得一个计算条件概率的一般公式。我们是如何得到 2/4 这个数字的呢? 首先,我们把天数限制在 w 为真的那些日子上,然后再用 r 同时也为真的天数(当 w 和 r 都为真的天数)来除以这个数字。换言之:

$$pr(r \mid w) = \#(w \ \& \ r) \div \#w$$

根据代数运算法则,这也等于:

$$\frac{\#(w \ \& \ r)}{N} \div \frac{\#w}{N}$$

而这也就等于 pr(w & r) ÷ pr(w)。

于是我们便得到条件概率的一般公式:

$$\textbf{CP}: pr\ (w \mid r) = pr(w \ \& \ r) \ / \ pr(w)$$

在应用这个公式时要多加小心。用 0 来除的话就没有任何意义了。比如,3/0 就没有意义了。数学家把这样的比例式称作**未限定式**。我们用 pr(w)来除 pr (w | r)的公式,只有当前者不为 0 时该公式才有意义; 也就是说, 只有在 w 至少有时为真的情况

下，该公式才有意义。否则，该条件概率就是未限定式。

最后，我们再回头讨论一下归纳推理。一个推理具有归纳效度的条件是什么？只要前提能使结论的肯定式更有可能即可。换言之，结论 c 的条件概率在前提 p（如果存在多个前提，则为合取前提）下，要大于 c 的否定式：

$$pr(c \mid p) > pr(\neg c \mid p)$$

因此，如果我们要对一周情况进行推理的话，那么以下推理：

这是一个下雨天，因此天很暖和；

从归纳角度来看是有效的。这很容易核实，因为 $pr(w \mid r) = 2/3$，而 $pr(\neg w \mid r) = 1/3$。

这个分析可用于证明我们在本章一开始所提到的福尔摩斯的推理为何是有效的。福尔摩斯得出结论：杰贝兹·威尔逊写了大量的东西（c）。他前提的大致意思是，威尔逊夹克上有某些标记（p）。下面，假设我们回到福尔摩斯时代的伦敦，并集中所有有那样袖口的人，那么大部分人都会是职员，工作时间主要是写东西——或者我们也许可以假设他们是这样的人。因此，在衣服上有那些特征的情况下，杰贝兹一直做大量的书写工作的可能性要比他不是职员的可能性更大。福尔摩斯的推理从归纳角度来看实际上是有效的。

结束前我要请大家注意一下我们在使用这个方法时所遇到的一个疑问。如我们刚才所见，概率可以用一个比率来计算：我们采用某种**基准组类**，然后在这个范围内计算不同组别的数字，然后进行除法运算。但是,我们使用哪一个基准组类呢?在天气的例子中,我一开始就规定了基准组类:某个特定周的几天。不过,现实生活中的问题并不是以这样的方式提出来的。

我们再来看一看杰贝兹·威尔逊的例子。为了算出这一例子中的相关概率,我建议采用的基准组类包含了福尔摩斯时代住在伦敦的人。但为什么要采取这一基准组类?为什么不把范围扩大到福尔摩斯时代的所有英格兰人,或者所有欧洲人,或者缩小到只包括在伦敦居住的男人,或者那些能来拜见福尔摩斯的人?也许在上述一些情况下并无多大区别。但是,在其他一些情况下肯定会产生很大的差别。比如,来拜见福尔摩斯的人相对而言都很富有,不可能穿别人穿过的旧衣服。范围过大,情况也会截然不同。因此,什么样的标准才是恰当的基准组类呢?这是一个让保险精算师(为保险公司计算风险指数的人)彻夜不眠的问题。

在刚才的分析里,最精确的基准组类似乎是一个只包含威尔逊本人的组类。毕竟,**其他**人的事实最终与他又有多大关系呢?但是,如果那样的话,他要么一直做大量的书写工作,要么就不做书写工作。在第一种情况下,他有闪闪发亮的袖口表明他从事书写工作的概率为1,且这个推理是有效的;在第二种情况下,他从事书写工作的概率为0,推理是无效的。换言之,推理的效度完全要看结论的真实性。因此,你不能为了确定结论正确与否而使用这个推理。如果那样的话,所讲的效度的概念就毫无用处了。

本章要点

- 一个陈述的概率等于它为真的情形的数量除以基准组类中的情形的数量。
- $pr(\neg a) = 1 - pr(a)$
- $pr(a \vee b) = pr(a) + pr(b) - pr(a \& b)$
- $pr(a \mid b) = pr(a \& b)/pr(b)$
- 只要结论在前提(合取前提)下的条件概率大于其在相同前提下否定式的条件概率,那么这个推理就是有效的。

第十二章

逆概率：你不会不偏不倚的！

前一章让我们对概率以及它在归纳推理中可能起到的作用有了一个基本的了解。在本章中，我们将会更深入地探讨这个问题。我们先来看一个非常著名的归纳推理。

宇宙物质并不是任意组合起来的一团糟。它呈现出非常特别的模式：物质按照一定的结构形成了星系，星系又形成恒星和行星体系，同时，在其中的一些行星上，物质又按照一定形式形成了你我一样的生物。人们对此会有什么样的解释呢？你也许会说，用物理学和生物学定理来解释。也许是吧。但是，为什么物理学和生物学定理就是那样的？毕竟，这些定理本来可以是另外一副样子。比如，引力本来可以是一种**推斥**力，而不是吸引力。那样的话，就永远不会再有稳定的物质块，我们所知道的生命在宇宙的任何地方也不会存在。这是否给了我们充足的理由去相信还存在着一个宇宙的创造者：一个智慧的存在物，他为了某种目的用物理学和生物学定理创造了宇宙？简言之，难道宇宙物质按照现在这样的方式有序排列不能让我们有理由相信存在某种神灵吗？

这一论证常被称作"根据设计论证"（为证明上帝的存在）。也许称作"设计论证"更好些，但这并不重要。让我们更深入地

图 12　物质具有非常显著的结构。一个漩涡状的星系。

思考一下这个问题。此论证的前提 o 为一个陈述，大致的意思是说宇宙是按一定顺序组合起来的。结论 g 则断言存在一个宇宙创造者——神。除非 g 正确，否则 o 是最不可能的事；因此，该论证进一步推理可得：倘若 o 正确，则 g 是有可能的。

我们知道，肯定为真的是，o 在 g 为真时的条件概率大大高于 g 为假时的概率，即：

$$1.\quad pr(o \mid g) > pr(o \mid \neg g)$$

但这并不是我们想要的结果。因为，要让 o 成为 g 的一个很好的归纳理由，我们得让 g 在 o 条件下的概率大于它的否定式的概率，即：

2. $pr(g \mid o) > pr(\neg g \mid o)$

$pr(o \mid g)$所表示的概率很高并不意味着$pr(g \mid o)$也很高。比如,假设你在野地里看见了一只袋鼠,那么你身处澳大利亚的概率就很高。(在其他地方看到的话,只能是从动物园里跑出来的。)但是,假如你身处澳大利亚,你在野地里看见一只袋鼠的概率就很低。(我在澳大利亚居住了十年才看见过一次。)

$pr(o \mid g)$和$pr(g \mid o)$被称为一组**逆概率**,刚才我们的所见表明,要让设计论证起作用,逆概率之间的关系必然是不等式 2 而不是不等式 1 所表示的。是不是这样呢?实际上,在逆概率之间存在着一种非常简单的关系。还记得前一章所讲的条件概率 CP 等式吧,根据定义我们知道:

$$pr(a \mid b) = pr(a \,\&\, b)/pr(b)$$

因此,我们可得到:

3. $pr(a \mid b) \times pr(b) = pr(a \,\&\, b)$

类似地,我们知道:

$$pr(b \mid a) = pr(b \,\&\, a)/pr(a)$$

因此,可得到以下等式:

$$4.\quad pr(b \mid a) \times pr(a) = pr(b \,\&\, a)$$

但是 pr (a & b) = pr (b & a)(因为 a & b 和 b & a 为真时的情形完全相同)。因此,由等式 3 和 4 可得到:

$$pr(a \mid b) \times pr(b) = pr(b \mid a) \times pr(a)$$

假设 pr(b)不为 0 ——下面我都作了这样的假设,不再一一说明——我们由上面的等式得到:

$$\textbf{Inv}: pr(a \mid b) = pr(b \mid a) \times pr(a) / pr(b)$$

这就是逆概率之间的关系。(等式的右边先是一个 b 后面跟着一个 a;然后是一个 a 后面跟着一个 b。)

用逆概率等式替换不等式 1 的两边,我们可得到:

$$pr(g \mid o) \times \frac{pr(o)}{pr(g)} > pr(\neg g \mid o) \times \frac{pr(o)}{pr(\neg g)}$$

消去不等式两边的 pr(o),我们可得到:

$$\frac{pr(g \mid o)}{pr(g)} > \frac{pr(\neg g \mid o)}{pr(\neg g)}$$

或者再调整不等式的两边,我们可得到:

$$5.\quad \frac{pr(g \mid o)}{pr(\neg g \mid o)} > \frac{pr(g)}{pr(\neg g)}$$

还记得吧，要让设计论证起作用，我们得采用不等式2，由之可得到：

$$\frac{pr(g \mid o)}{pr(\neg g \mid o)} > 1$$

再由不等式 5 可知，我们只能得到 $\frac{pr(g)}{pr(\neg g)} \geq 1$，即：

$$pr(g) \geq pr(\neg g)$$

pr(g) 和 pr(¬g)的值被称作**先验概率**；也就是说，g 和¬g 的概率先于任何证明（比如 o）的应用。因此，要是本论证切实可行的话，我们需要让存在神灵的先验概率大于（或等于）不存在神灵的先验概率。

就是这样吗？很不幸的是，没有理由这样认为。实际上，似乎情况正好相反。假设你不知道今天是星期几。我们用 m 来表示今天是星期一，那么¬m 则表示今天不是星期一。哪个可能性更大？m 还是¬m？肯定是¬m，因为今天不是星期一的情形更多。（今天可能是星期二、星期三、星期四……）关于神灵的推理也是同样。令人信服的是，宇宙本来就可以有许多不同的构成方式，从直觉上看，不太可能是按照非常有序的方式形成的：

有序是**特别**的设计。这终究给了"设计论证"有力的回击。不过这样的话，存在一个**秩序制定者**的宇宙的可能性就相对很小了。因此，从先验角度看，不存在宇宙创造者的可能性要比存在的可能性大得多。

所以，我们的讨论表明，"设计论证"是不成立的。该论证具有诱导性，因为人们经常把概率和与之对应的逆概率混淆，因而回避了论证的核心部分。

许多归纳论证都需要我们对逆概率进行推理。在这方面，"设计论证"并不是一个特例。不过，许多论证在利用逆概率进行推理时更为成功。请让我举例加以说明。假设你去当地的轮盘赌娱乐场。那里有两个转轮，我们称之为 A 和 B。你的一个朋友告诉你，其中一个转轮的转序是固定的——尽管这个朋友不能告诉你是哪一个。一个公平的转轮应该一半时间是红色，一半时间是黑色，而该转轮为红色的概率为 3/4，为黑色的概率为 1/4。（严格地说，真正的转轮偶尔也会出现绿色；但为了简化，我们就不考虑这个事实了。）现在，假设你观察其中的一个转轮，比如说 A，连续转五圈，有以下结果：

R，R，R，R，B

（R 表示红色，B 表示黑色）。你是否有充足的理由推理认为这就是那个转序固定的转轮呢？换言之，我们用 c 来表示出现了这样特殊的顺序，并用 f 来表示转轮 A 的转序固定。由 c 推理得到 f 是一个很好的归纳推理吗？

我们需要知道不等式 $pr(f \mid c) > pr(\neg f \mid c)$ 是否成立。使用逆概率等式把这个不等式转换成逆概率之间的关系式：

$$\mathrm{pr}(c \mid f) \times \frac{\mathrm{pr}(f)}{\mathrm{pr}(c)} > \mathrm{pr}(c \mid \neg f) \times \frac{\mathrm{pr}(\neg f)}{\mathrm{pr}(c)}$$

将不等式两边都乘以 pr(c)，可得到：

$$\mathrm{pr}(c \mid f) \times \mathrm{pr}(f) > \mathrm{pr}(c \mid \neg f) \times \mathrm{pr}(\neg f)$$

这个不等式正确吗？首先一个问题是，f 和¬f 的先验概率是多少？我们知道，要么 A 要么 B 的转序是固定的（但不会两个同时固定）。我们没有理由认为，更可能是 A 而不是 B，或者更可能是 B 而不是 A。因此，是 A 的概率为 1/2；同时，是 B 的概率也是 1/2。换言之，$\mathrm{pr}(f) = 1/2$，且 $\mathrm{pr}(\neg f) = 1/2$。因此，我们可以把这两个概率同时从不等式的两边消去，这样，相关条件就变成了：

$$\mathrm{pr}(c \mid f) > \mathrm{pr}(c \mid \neg f)$$

假设转轮转序固定的情况就像所描述的那样，观察到命题 c 所陈述的转序的概率，即 $\mathrm{pr}(c \mid f)$的值为$(3/4)^4 \times (1/4)$。（如果你不知道这其中的原因也不要紧：你就相信我的推算吧。）这个值也就是 $81/4^5$，经计算得到 0.079。假设转轮转序不固定，那么能观察到相关转序的概率，即 $\mathrm{pr}(c \mid \neg f)$的值为$(1/2)^5$（还是请相信我的推算），经计算可得到 0.031。这个值小于 0.079。因此，这个推理是有效的。

我们这里计算先验概率的方法值得注意。有两种可能性：要么转轮 A 的转序是固定的，要么转轮 B 的转序是固定的。我们没有可用以区分这两种可能性的信息。因此，我们赋予它们相同的概率。这是一种被称为**中立法则**的应用。该法则认为，当我们有许多可能性且它们之间没有相关的差异时，它们全都具有相同的概率。因此，如果存在 N 种可能性，那么每一种可能性的概率就为 1/N。中立法则是**对称**原理的一种。

请注意，我们不能把该法则应用到“构思论证”上。在转轮赌例证中，有两个完全对称的可能情形：要么转轮 A 的转序是固定的，要么转轮 B 的转序是固定的。在“设计论证”中，有两种情形：要么存在一个为宇宙创造者的神，要么不存在一个为宇宙创造者的神。但是这两种情形的对称性还不如“今天是星期一”和“今天不是星期一”的对称性高。如我们前面所见，仅凭直觉来看，不存在宇宙创造者的可能性要远远大于存在的可能性。

中立法则是对概率进行直觉推理的一个重要部分。我们在结束本章讨论时要注意到，应用中立法则时并非毫无问题。众所周知，某些应用会产生悖论。以下就是其中的一个。

假设一辆汽车在中午时离开昆士兰州首府布里斯班去 300 公里以外的某个城市。汽车的平均时速保持在 50 公里 / 小时至 100 公里 / 小时。那么到达时间的概率又是怎样的呢？如果它以 100 公里 / 小时的速度行进的话，就会在下午三点钟到达；如果它以 50 公里 / 小时的速度行进的话，就会在下午六点钟到达。因此，它会在三点到六点之间到达。这两个时间的中间点为下午四点半。因此，根据中立法则，汽车在四点半以前到达的概率和四点半以后到达的概率一样大。但是，现在的问题是，

50 公里 / 小时与 100 公里 / 小时的中间时速为 75 公里 / 小时。因此，还是根据中立法则，汽车以 75 公里 / 小时以上的速度行驶的概率和以 75 公里 / 小时以下速度行驶的概率一样大。如果它以 75 公里 / 小时的速度行驶，它就会在下午四点到达。因此，它在下午四点以前和四点以后到达的概率一样大。尤其是，一旦如此，下午四点半以前到达的概率**更大**。（这样会多出半个小时。）

请读者自己考虑这个问题吧。我们在一章之内讨论这么多的概率问题已经足够了！

本章要点

- $\mathrm{pr}(a \mid b) = \mathrm{pr}(b \mid a) \times \dfrac{\mathrm{pr}(a)}{\mathrm{pr}(b)}$
- 假如许多可能性之间没有相关的差异，那么它们都具有相同的概率（中立法则）。

第十三章

决策论：很高的期望值

我们最后再来看一个有关归纳推理的问题。这个问题有时被称作**实践推理**，因为它是关于人们如何行动的推理。下面是一个非常著名的实践推理。

你可选择相信（一个基督教的）上帝的存在，也可选择不相信。我们假设你选择了相信。要么存在上帝，要么不存在。如果存在上帝，一切都好说。如果不存在，那么你的信仰就会带给你小小的不便：这意味着你浪费了一些时间去教堂做礼拜，而且也许做了其他许多本来不想做的事；但是所有这些都不是灾难性的。那么，我们现在反过来假设你选择不相信上帝的存在。同样，要么存在上帝，要么不存在。如果上帝不存在，一切都好说。但是，如果确实存在上帝，那你就麻烦了！你死后会遭许多罪；如果得不到宽恕的话，你也许会永世不得翻身。因此，任何聪明人都应该相信上帝的存在。这是唯一谨慎的行为。

为了纪念第一个提出此论证的 17 世纪哲学家布莱斯·帕斯卡[①]，人们现在通常把这一论证叫作**帕斯卡的赌注**。对于这个赌注，人们又有什么要说的呢？

---

① 布莱斯·帕斯卡(1623—1662)：法国哲学家和数学家。他的成就包括发明了一种加法机和发展了现代概率理论。

我们来思考一下这类推理是如何展开的，我们先举一个不那么有争议的例子。当我们行动时，往往不能确定最后的结果，这种结果也许超出了我们的掌控。但是我们通常能估计出不同可能的结果有多大的可能性；而且同样重要的是，我们能估计出各种不同的结果对我们的**价值**。按照惯例，我们可以通过向一种结果赋予以下等差数列中的一个数字来测算其价值，这个等差数列在两个方向上都是无限的：

$$\cdots\cdots -4, -3, -2, -1, 0, +1, +2, +3, +4 \cdots\cdots$$

正数表示好，越往右越好。负数表示差，越往左越差。0 是中立点：我们不倾向于任何一方。

现在，假设我们要开始某种行动，比如说去骑自行车。然而，天也许会下雨。不下雨的话，骑自行车是件很令人高兴的事，因此我们会给它赋予一个正数，比如说 +10。但是，要是下雨的话，骑自行车会是件相当痛苦的事，因此我们会给它赋予一个负数，比如说 −5。我们应给我们唯一能够控制的事情——骑自行车赋予什么样的值呢？我们可能只是把两个数字 −5 和 +10 加在一起，但那样的话就会遗漏掉非常重要的部分。也许下雨的可能性最低，因此，尽管可能下雨是不好的，但我们并不给这种可能性赋予很大的权重。假设下雨的概率为 0.1；相应地，不下雨的概率为 0.9。那么，我们可以把具有相应概率的值进行加权，以得到总值：

$$0.1 \times (-5) + 0.9 \times 10$$

这个算术式的结果为 8.5，即骑自行车行为的**期望值**。（“期望值”在这里是个专业术语，它实际上与该词通常所表示的意义没有多少关系。）

我们用 a 来表示我们实施某种行为。为了简化起见，我们假设有两种可能的结果。我们用 o_1 来表示一种可能，用 o_2 来表示另一种可能。最后，我们用 V(o)来表示 o 为真时我们赋予它的值。那么，a 的期望值 E(a)就是以下算式所决定的数字：

$$pr(o_1) \times V(o_1) + pr(o_2) \times V(o_2)$$

（严格地说，这里的概率应该是条件概率 $pr(o_1 \mid a)$和 $pr(o_2 \mid a)$。但在上例中，骑自行车对下雨的概率没有任何影响。在下面所谈到的例子中，情况也是如此。因此，我们在这里能够坚持使用简单的先验概率。）

到目前为止一切都还顺利。但是这是如何帮助我决定是否去骑自行车的呢？我知道骑自行车的总体价值。如我们刚才所见，它的期望值为 8.5。不骑自行车的期望值又是多少呢？要么下雨，要么不下雨——我们还是假设它们具有前文提到的概率。现在的两种结果为：1)天会下雨，我待在家里；2)天不会下雨，我待在家里。不管在哪一种情况下，我都得不到骑自行车的乐趣。如果不下雨，心情会更糟糕。那样的话，我也许会对自己没有去骑自行车而感到懊恼。但是，这两种情况都不会像被淋得湿透了那样糟糕。因此，如果下雨的话，期望值也许就是 0；而不下雨的话，期望值就为 −1。现在，我可以计算出待在家里的期望值：

$$0.1 \times 0 + 0.9 \times (-1)$$

经计算可得到结果为 −0.9，这就给了我所需要的信息；我应该选择那个具有最高总值(即期望值)的行动。这样的话，骑自行车的期望值为 8.5，而待在家里的期望值为 −0.9。因此，我应该去骑自行车。

因此，假设要在命题 a 和¬a 之间进行选择的话，我会选择期望值更高的那一个命题。(如果它们的概率相同，我就只能任意选取一个，比如说通过抛硬币来进行选择。)在前面的例子中，只有两种可能性。一般来说，也许有更多的可能性(比如说，骑自行车、看电影和待在家中)。但其中的原则却是一样的：我计算每种可能性的期望值，并选择期望值最高的那一种可能。这种推理是逻辑学的一个分支——**决策论**的一个简单例子。

现在，我们再回到帕斯卡赌注的讨论上。在这个例证中，有两个可能的行为：相信或者不相信；并且存在两个相关的可能性：上帝存在或者不存在。我们可以用下表来描述相关的信息。

	上帝存在	上帝不存在
我相信(b)	$0.1\backslash+10^2$	$0.9\backslash-10$
我不相信(¬b)	$0.1\backslash-10^6$	$0.9\backslash+10^2$

斜线左边的数字是相关概率，比如说，存在上帝的概率为 0.1，不存在上帝的概率为 0.9。(我是否相信对于是否存在上帝没有什么影响，因此表中两行中的概率是相同的。)斜线右边的数字是相关值。我不太关心上帝是否存在，重要的是我要让它正确；因此，这两种情况下的值为 $+10^2$。(也许人们的偏好不会完全相同，但我们将会看到这没有多大关系。)如果上帝不存在

却相信上帝的存在，就会有小小的不方便，因此赋予 -10 的数值。如果上帝存在却不相信他的存在，那确实就很糟糕了。我赋予它的值为 -10^6。

有了这些值之后，我们就能计算相关的期望值了：

$$E(b) = 0.1 \times 10^2 + 0.9 \times (-10) \backsimeq 0$$

$$E(\neg b) = 0.1 \times (-10^6) + 0.9 \times 10^2 \backsimeq -10^5$$

($\backsimeq$表示“约等于”。)我应该选择期望值更大的行为，就是相信上帝的存在。

你也许认为我所选择的精确值有点不那么真实，它们确实如此。不过，实际上，精确值没有多大用处。重要的是 -10^6 这个值。这个数字意味着某种特别糟糕的事情。(有时，一个决策论主义者也许会把这一数字写成 $-\infty$。)它表示的情况非常糟糕，以至于上帝存在的概率即使非常低，它也会把其他所有数字掩盖。这就是帕斯卡赌注中的效力。

表面上看，赌注论也许很有说服力，但事实上，它犯了一个简单的决策论上的错误。它忽略了一些相关的可能性。不仅有可能存在一个神，而且有可能存在许多个：一个基督教的神(上帝)、伊斯兰教的真主阿拉、印度教的婆罗门，以及其他许多小宗教所信仰的神。这些神当中有很多是嫉妒心很强的。如果上帝是存在的，而你却不信仰他，那么你就会有麻烦了；但是如果阿拉存在而你又不信仰他，你同样也会有麻烦……而且，如果上帝是存在的，而你却信仰阿拉——或者反过来——这会更糟糕。因为不管是在基督教还是在伊斯兰教当中，信仰错误的神要比什么都不信仰更让神难以容忍。

我们把更现实的信息列于下表：

	上帝不存在	上帝存在	阿拉存在	…
没有信仰(n)	$0.9 \backslash +10^2$	$0.01 \backslash -10^6$	$0.01 \backslash -10^6$	…
信仰上帝(g)	$0.9 \backslash -10$	$0.01 \backslash +10^2$	$0.01 \backslash -10^9$	…
信仰阿拉(a)	$0.9 \backslash -10$	$0.01 \backslash -10^9$	$0.01 \backslash +10^2$	…
⋮	⋮	⋮	⋮	

如果用这些有限的信息来计算期望值的话，我们可以得到：

$$E(n) = 0.9 \times 10^2 + 0.01 \times (-10^6) + 0.01 \times (-10^6) \backsimeq -2 \times 10^4$$

$$E(g) = 0.9 \times (-10) + 0.01 \times 10^2 + 0.01 \times (-10^9) \backsimeq -10^7$$

$$E(a) = 0.9 \times (-10) + 0.01 \times (-10^9) + 0.01 \times 10^2 \backsimeq -10^7$$

现在看起来，情况相当令人沮丧。但很明显的是，信仰神灵有很大风险。

与其他各章一样，在结束本章讨论时我要说说人们为何会担心所使用的整体框架——特别是刚才讨论的根据最大期望值进行决策的策略。在很多情形下，这的确会产生错误的结果。

我们假设你在帕斯卡赌注上下错了赌注，结果到了地狱。几天之后，魔鬼出现了，要给你一个机会。上帝下了命令，说你会得到某种宽恕。因此，魔鬼想出了一个方案。他会给你一个机会逃离地狱。你可以抛硬币；如果硬币落地后为正面，你就可以走出地狱,去往天堂。如果硬币落地后为反面,你就会永远待在地狱。不过,抛硬币并不是一个公平的方法,魔鬼控制着其中的概率。如果你今天抛硬币的话,正面的概率为 1/2(即 1− 1/2)。如果你等到明天抛的话,概率会上升到 3/4(即 $1-1/2^2$)。你可以把信息列在下表:

	逃离地狱	待在地狱
今天抛硬币(d)	$0.5\backslash+10^6$	$0.5\backslash-10^6$
明天抛硬币(m)	$0.75\backslash+10^6$	$0.25\backslash-10^6$

逃离地狱具有很大的正值,待在地狱具有很大的负值。而且,这些值不管是在今天还是在明天都是一样大。如果你等到明天抛的话,你也许就得在地狱里**多**待上一天,这是千真万确的;不过,这一天的时间与后面无穷无尽的日子相比可以忽略不计。于是你进行了下面的计算:

$$E(d) = 0.5 \times 10^6 + 0.5 \times (-10^6) = 0$$

$$E(m) = 0.75 \times 10^6 + 0.25 \times (-10^6) = 0.5 \times 10^6$$

因此,你决定等到明天才抛硬币。

但是,明天魔鬼又来了,说如果你再等上一天,概率会更高:逃离地狱的概率会上升到 7/8 (即 $1-1/2^3$)。请读者自己进行相关的运算吧。于是你应该再等一天。问题是,每天魔鬼都来,说如果你再多等一天,概率就会更大。日复一日,概率越变越大:

$$1-1/2,\ 1-1/2^2,\ 1-1/2^3,\ 1-1/2^4 \cdots\cdots 1-1/2^n \cdots\cdots$$

图 13　一个魔鬼的方案：永远不要做你应该推迟到明天才做的事情。

你每天都进行计算。等到第 n 天，你抛硬币的期望值就变成了：

$$(1-1/2^n)\times 10^6 + 1/2^n \times (-10^6)$$

稍有点算术知识的话，我们就可算出，这等于 $10^6 \times (1-2/2^n) = 10^6 \times (1-1/2^{n-1})$。n + 1 天的期望值也是这样计算的，只要用 n + 1 来替换 n 就可以了。最后得到 $10^6 \times (1-1/2^n)$，结果还要更大些。（$1/2^n$ 要比 $1/2^{n-1}$ 更小。）每过一天，期望值就会更大。

于是，你每天都理性地进行推理计算，因而决定等到明天再抛。结果你永远都没有抛硬币，因而你永远待在了地狱！不管在哪一天抛硬币都会比这要好得多。因此，你要做的唯一理性的事情似乎就是不再理性！

> 本章要点
>
> · $E(a) = pr(o_1) \times V(o_1) + \cdots\cdots + pr(o_n) \times V(o_n)$，其中 $o_1 \cdots\cdots o_n$ 表示 a 为真时所有可能的结果。
>
> · 理性行为就是实践具有最大期望值的行为。

第十四章

逻辑学史简述与进一步的阅读建议

我们在本书中所讨论的这些思想是在历史上不同时期和不同地区发展而来的。在本章中，我将简要地描述一下逻辑学史，并确定这些思想的历史背景。我将首先从总体上简要地描述一下逻辑学史的轮廓；然后我再逐章进行勾勒，解释一下这些细节是如何被纳入更大的历史背景之中的。

在阐述过程中，我会给一些进一步阅读的建议，这样你可以就想研究的问题进行深入地探究。这可不像想象中那样简单。总的说来，逻辑学家、哲学家和数学家喜欢为彼此写文章。所以，要找到为初学者写的文章就不那么容易了，不过我已尽了最大努力。

在西方思想史中，逻辑学发展共有三大时期，就像三明治那样，其间夹杂了一些相当荒芜的时期。第一个时期是公元前400年至前200年的古希腊。这一时期最有影响力的人物为亚里士多德（公元前384—前322），我们在第六章里已经提到过他。亚里士多德发展了一种叫作“三段论”的系统推理理论，这种推理的形式如下：

所有[一些]A是[不是]B。

所有[一些]B是[不是]C。

因此,所有[一些]A是[不是]C。

亚里士多德一生中的大部分时间都生活在雅典,他建立了一个叫作“学园派”的哲学流派,通常被认为是逻辑学的创始人。但是,几乎就在同一时期,在雅典以西50公里的迈加拉,出现了另一个非常盛行的哲学流派。关于迈加拉的逻辑学家,我们所知甚少,但是他们似乎对条件句特别感兴趣,对逻辑悖论也饶有兴趣。欧布里德(我们在第五章和第十章中提到过)就是迈加拉的一位逻辑学家。大约在公元前300年,在雅典兴起了另一个非常重要的哲学运动。这个运动被称为斯多葛学派,因该学派早期讲学集会的地方——走廊(希腊语对应词为stoa)而得名。尽管斯多葛学派关注的哲学论题远不止于逻辑学,但逻辑学是其中一个重要的论题。人们一般认为,迈加拉的逻辑学对斯多葛学派的逻辑学家产生过重要的影响。不管怎样,斯多葛学派的逻辑学家关注的一个重要方面就是研究否定、合取、析取和条件句的特性。

这里需要提到的是,在古希腊出现这些逻辑学流派时,几乎同时在印度出现了主要由佛教逻辑学家提出的许多逻辑学理论。尽管这些理论很重要,但当时它们还没有达到西方逻辑学已具备的缜密程度。

西方逻辑学的第二个发展时期是从12世纪到14世纪,在中世纪的欧洲大学,比如巴黎大学和牛津大学里繁荣起来。中世纪著名的逻辑学家包括邓斯·司各特(1266—1308)和奥康的威廉(1285—1349),他们继承并大大发展了古希腊的逻辑学思想,使之趋于系统化。在这个阶段之后,逻辑学在19世纪下半叶之前都停滞不前,其间唯一闪耀的逻辑学家就是我们在第六章和第九章里提到的莱布尼茨(1646—1716)。莱布尼茨预见了当代逻辑的某些发展,但是他那个时期的数学滞后,无法使他的思想受到欢迎。

19世纪抽象代数的发展为逻辑学的发展奠定了基础,并促生了逻辑学的第三个发展期,或许是三个发展阶段中最伟大的一个。非常新颖的逻辑学观点由弗雷格(1848—1925)和罗素(1872—1970)这样的思想家提了出来;我们分别在第二章和第四章里提到过这两个人。在这一成果之上发展的逻辑学理论通常被称作**现代逻辑学**,这是与先前的**传统逻辑学**相对而言的。整个20世纪,逻辑学都在飞快地发展着,而且没有减缓的迹象。

一段标准的逻辑学史是由尼尔夫妇在1975年编著出版的。该书有点陈旧了,它与其说是公正不如说是乐观地认为,早期的现代逻辑学家已经把所有的逻辑论证都论证完了。不过,它仍不失为一本很好的参考书。

★ ★ ★

第一章:演绎和归纳效度的区分可追溯到亚里士多德。演绎效度的各种理论从那时候就开始为人们所谈论。第一章所描述的观点——只要结论在其前提为真的任何情形下也为真,那么这个推理就具有演绎效度——可以追溯到中世纪的逻辑学。尽管这一点还存在争议,但是对推理的表述却是现代逻辑学的一个核心成分。请注意:我所说的**情形**更为普遍的说法为**说明**

或体系，有时也称作**模型**。“情形”这个词在逻辑学的各个领域内有着不同的意义。刘易斯·卡罗尔（真名是查理·道奇森）本人绝不是逻辑学家，却出版了许多关于传统逻辑学的著作。

第二章：相互对立状态在任何事物中都存在的论点是中世纪哲学的一个发明创造。具体是由谁提出的不甚清楚，但是可以肯定的是，这个术语出现在了司各特的论著中。用真值函数来理解否定、合取和析取的做法似乎也源于中世纪。（斯多葛学派的描述并非现代意义上的真值函数。）完全清楚明了的表达形式是在弗雷格和罗素的著作中首次出现的。对此持不同意见的人是斯特劳森（1952，第三章）。

第三章：对名称和量词的区分主要是现代逻辑学的一个创造。实际上，量词分析经常被看作是现代逻辑学成形的开始。它是由弗雷格提出，由罗素发展的一个概念。几乎与此同时，美国的哲学家和逻辑学家 C.S.皮尔斯提出了一个类似的观点。∃x 常被称作存在量词，但这个术语盗用了颇有争议的**存在**理论。刘易斯·卡罗尔写爱丽丝的作品里充满了哲学笑话。要想看看对这些笑话的精彩评论，请参见黑斯（1974）。要想了解黑斯本人所说的关于不存在事物的笑话，请参见黑斯（1967）。

第一至第三章中所解释的理论在任何标准的现代逻辑学文本中都可以找到。霍奇斯（1977）的定位就不是那么让人高不可攀，勒蒙（1977）也同样如此。

第四章：把摹状词作为重要的逻辑范畴孤立地考察也只有在现代逻辑学里才能找到。对摹状词所做的分析中，最著名的也许是罗素在 1905 年的分析。本章所采用的分析并不是罗素的，不过它们在本质上很接近。在一些（但不是全部）标准的现代逻辑学文本中会讨论到摹状词。霍奇斯（1977）对摹状词进行了清楚的解释。

第五章：骗子悖论的各种版本都能在古希腊的哲学中找到。更多的自我指代悖论在中世纪逻辑学中不断地被提出和讨论。更多的悖论在20世纪末被人们发现——这次是在数学最核心的部分。自那以后，它们成为了逻辑学的中心议题。解答这些悖论的建议不计其数。也许存在一些既不正确也不错误的句子，这一观点可追溯到亚里士多德(《解释篇》，第九章)；不过，他本可以不必赞同一些句子也许既正确又错误的均衡观的。最近40年来，一些逻辑学家提出的一种正统观点认为，也许存在这样的句子，且悖论句也许就是其中的一种。对自我指代悖论的讨论变得越来越专业，越来越激烈。相关介绍性的讨论请参阅里德(1994，第六章)和塞恩斯伯里(1995，第五、第六章)。这个领域里仍然存在着很大的争议。

第六章：对涉及模态算子的推理进行研究最早也要追溯到亚里士多德，中世纪的逻辑学家继续对此进行研究。现代逻辑学对模态算子的研究始于美国哲学家C. I. 刘易斯在1915年至1930年间所开展的研究。可能世界这一概念由莱布尼茨首次使用；不过，本章使用这一概念的方法主要归功于另一位美国哲学家索尔·克里普克，他在20世纪60年代创立了这一思想。对这一领域进行标准化介绍的是休斯和克莱斯威尔(1996)；但是在你读懂一本更标准的逻辑学入门读物之前，你对这一领域不可能有太多的掌握。亚里士多德的宿命论论证来源于《解释篇》第九章。他认为宿命论的论证是不合逻辑的——但不是因为本章中所给出的那些理由。您可以参考哈克(1974，第三章)，以找到对这一论证容易理解的讨论。本章结尾时所使用的那个论证就是迈加拉逻辑学家迪奥多拉斯·克罗诺斯所提出的“大师论证”的一个版本。

第七章：对条件句性质的争论要追溯到迈加拉学派和斯多葛学派，他们提出了许多不同的理论。这一问题在中世纪也得到了广泛的讨论。条件句是真值函数的想法是迈加拉学派的一个观点。这一观点得到了现代逻辑学的开拓者弗雷格和罗素的认可。本章所给出的解释在中世纪逻辑学中肯定也可以找得到；在现代逻辑学中，要归功于 C. I. 刘易斯，他发展了模态逻辑学。会话含义这一概念要归功于 20 世纪 70 年代的英国哲学家保罗·格赖斯（尽管他是为了为推论条件句辩护才使用这一术语的）。条件句的本质现在仍然存在很大的争议。里德的书（1994，第三章）是一本可读易懂的导论，桑福德（1989）的第一部分也是如此。

第八章：中世纪许多逻辑学家都对时间推理进行了讨论。本章所采用的方法主要是由新英格兰逻辑学家阿瑟·普赖尔在 20 世纪 60 年代受模态逻辑学的启发而创立的。奥尔斯特劳姆和哈斯利（1995）对这个主题做过简单易懂的叙述。麦克塔格特的论证最初是在 1908 年提出的，不过他的表述与我的稍有不同。我的表述遵循了梅勒（1981，第七章）的说法。

第九章：对**身份**和**述谓**的区分可以追溯到古希腊哲学中的柏拉图（亚里士多德的老师）。我在这里提到的对身份最早的阐述是不可靠的。可以用同等的事物来替代的想法在欧几里德（公元前 300 年）的著作里就已经出现了。您可以在奥康的书中找到类似于本章的阐述，当然在莱布尼茨的著作里也能找到这样的阐述。在弗雷格的著作和罗素的著作里都有现代逻辑学对这个主题的阐述。还有许多文本用最标准的现代逻辑学对此进行了表述，比如霍奇斯（1977）和勒蒙（1971）。关于身份的未解之谜，在哲学里也大量地存在着。据我所知，在本章结尾时提到的那个迷惑是由普赖尔提出的。

第十章：连锁推理问题可追溯到迈加拉派的逻辑学。本章开头所提到的那个问题类似于“提修斯之舟”，该船在想象中被重新建造（一块木板接着一块木板）。就我所知，这个例子最早在17世纪英国哲学家霍布斯的《哲学原理》第一部分《论物体》中使用过。过去30年来哲学家对这类问题进行了广泛的研究。本章中所描述的逻辑讨论细节最初是由波兰逻辑学家卢卡兹耶维奇在20世纪20年代提出的，完全摆脱了对模糊性的担忧。（他从一开始就受到了亚里士多德论证宿命论的启发。）您可以阅读里德（1994，第七章）和塞恩斯伯里（1995，第二章），这两章都对模糊性进行了很出色的讨论。一部更长的介绍便是威廉森的著作（1994）了。

第十一章：从历史的角度来看，与演绎效度研究相比而言，归纳效度研究发展得很不充分。概率论是18世纪才发展起来的，与机会对策一样，主要由说法语的数学家推动，比如皮埃尔·德·拉普拉斯以及伯努利家族的成员。把概率应用到归纳推理上主要归功于20世纪50年代的德裔逻辑学家鲁道夫·卡尔纳普。概率有许多概念。本章所介绍的这个概念通常被称作**频率论**。对这一领域进行全面介绍的当数斯卡姆斯（1975）。

第十二章：对逆概率间相互关系的研究可追溯到18世纪的英国数学家托马斯·贝叶斯。本章所提到的这种关系常常被（不正确地）称作贝叶斯定理。与中立法则有关的问题也可追溯到概率论创立之初。对这类推理进行标准化介绍的是豪威森和乌尔巴赫（1989）；不过，这本书不适合那些数学基础薄弱的人。

第十三章：决策论也根源于18世纪对概率论的研究，但在

20世纪却成为了热点，在经济学和博弈论中有许多重要的应用。对这个理论进行出色介绍的要数杰弗里(1985)，不过，他的介绍也不适合那些数学基础薄弱的人。本章结尾部分提出的那个问题来自格雷斯里(1988)。

我们在本书中提到的许多论证都以某种方式关乎上帝。这并不是因为上帝是个特别的逻辑话题，而是因为哲学家用了很长时间才提出了一个关于上帝的非常有趣的论证。在第三章中，我们谈到了宇宙哲学论。也许最著名的版本是由中世纪的哲学家托马斯·阿奎那提出的。(他的版本要比第三章提到的论证复杂得多，因此没有受到第三章所说的那些问题的困扰。)证明上帝存在的本体论是由中世纪哲学家，坎特伯雷大主教安塞尔姆提出来的。第四章中提到的版本基本上与17世纪哲学家勒内·笛卡尔在《第五次沉思》中阐述的一样。"设计论证"的生物学版本在19世纪很盛行，但其势头后来被"进化论"破坏了。第十二章中提到的这类宇宙哲学论在20世纪非常受欢迎。关于上帝存在的各种论证，请参阅希克(1964)。

★ ★ ★

当然，逻辑学史的很多细节在上文都没有提到。同样，有很多逻辑内容在本书中根本就没有谈到。我们只不过像是在逻辑学的表面上溜冰而已。逻辑学的深奥和美妙之处是无法在这样的一本小书中表达出来的。不过，历史上许多伟大的逻辑学家都是因为对本书中所讨论的问题产生了兴趣而从事逻辑学研究的。如果这些问题也让你加入到逻辑学的研究中来，那么我也别无所求了。

术语表

以下术语表包含了本书中所使用的专业术语以及逻辑符号。我们不打算为各个词条提供精确的定义，而是希望表达出主要意思，供快速参考。尽管还存在其他几组常用的符号，但总体来说，这里使用的术语和符号也都是相当标准的。

前件：在条件句中，“如果”后面的那一部分句子内容。

结论：在推理中，为推理叙述原因的那一部分。

条件句：如果……那么……

条件概率：在其他某种信息存在的情况下，某个陈述的概率。

合取命题：……和……

合取项：一个合取命题中的两个句子。

后件：在条件句中，“那么”以后的那一部分句子内容。

会话含义：不是根据所说的内容而是根据说话的事实进行的推理。

决策论：在信息不确定的情况下如何做好决策的理论。

演绎效度：如果一个推理的前提为真，结论肯定也为真时，那么该推理就具有演绎效度。

(限定)摹状词:一种具有“如此如此特性之物”形式的名称。

析取命题:要么……要么……

析取项:一个析取命题中的两个句子。

期望值:把每一种可能的结果都考虑在内,并用每个可能结果的值乘以它的概率,然后再相加,最后得出的结果。

模糊逻辑学:逻辑学的一个分支,其所研究的句子都采用0到1之间的任何数字为其真值。

归纳效度:如果一个推理的前提为其结论提供了某种合理的理由,尽管未必是一个确实的理由,那么这个推理就具有归纳效度。

推理:把前提作为结论的理由而陈述的一种推断。

逆概率:在条件b下a的条件概率与在条件a下b的条件概率之间的关系。

表示身份的“是”:……与……是相同的对象(事物)。

表示述谓的“是”:谓语的一部分,表明对谓语其他部分所表现出的特性的应用。

莱布尼茨定律:如果两个事物完全一样,那么一个事物的任何一个特性也是另一个事物的一个特性。

骗子悖论:“这个句子是假的”。

推论条件句:不是两者都(……和……不……)。

模态算子:附加到一个句子上以构成另一个句子的短语,表示第一个句子为真或为假(可能、必然等)。

现代逻辑学:19和20世纪之交,由逻辑学革命而产生的逻辑学理论和方法。

假言推理：由前件到后件的推理形式：a → c/c。

名称：指代一个事物（完整无缺）的一个单词的语法范畴。

必然性：情况必然是……

否定：情况不是……

特称量词：某物是……的。

可能性：情况也许是……

可能世界：与另一个 s 情形相关的情形，在 s 情形下仅仅是可能的事情在此情形下却确实如此。

谓语：就语法上最简单的句子而言，谓语指的是对句子主题进行表述的那一部分内容。

前提：推理中，阐述原因的那个部分。

中立法则：如果有许多可能性，且它们之间没有显著差异，那么它们都具有相同的概率。

先验概率：在考虑任何证据之前某个陈述的概率。

概率：测算某事物可能性大小的一个数字，在 0 至 1 之间。

专有名称：一个非摹状词的名称。

量词：可能是一个句子的主语但却不指代事物的一个单词或短语。

基准组类：用来计算概率比的那组对象（事物）。

罗素悖论：涉及所有不是自身成员的集合的集合。

自我指代：一个句子——它所谈的情形就是对句子本身的证明。

情形：（也许是假想的）一种事物状态，前提和结论在此状态下也许是正确的，也许是错误的。

连锁推理悖论：一种反复应用模糊谓语的悖论。

主语：就语法上最简单的句子而言，主语指的是表达句子是关于什么的那个部分。

三段论:一种有两个前提、一个结论的推理形式,由亚里士多德首创。

时态:过去、现在或者未来。

时态算子:附加到一个句子上以构成另一个句子的短语,表示第一个句子(在过去或未来)是正确或者错误的。

传统逻辑学:指在 20 世纪之前所使用的逻辑学理论和方法。

真值条件:那些阐述一个命题的真值是如何依赖命题组成部分的真值的命题。

真值函数:一种逻辑符号,将它与几个命题结合可构成更为复杂的命题,所构成的复合命题的真值完全取决于其成员命题的真值。

真值表:一个描述真值条件的图表。

真值:真(T)或假(F)。

全称量词:每个事物都具有……特性。

模糊性:谓语的一种特性,它表明一个事物若发生微小的变化对谓语的适用性不会产生影响。

有效:用于指一个推理的前提确实为其结论提供了某种理由。

符号	意义	名称
T	(在某一情形下是)真的	真值
F	(在某一情形下是)假的	真值

∨	要么……要么……	析取(命题)
&	……和……	合取(命题)
¬	并非……	否定(命题)
∃x	某个事物 x,x 具有……特性	特称量词
∀x	每个事物 x,x 具有……特性	全称量词
ιx	某个事物 x,它……	摹状词算子
□	情况必然是……	模态算子
◇	情况也许是……	
→	如果……那么……	条件句
⊃	不是两者都(…… 和……不)	推论条件句
P	过去曾是……	时态算子
F	将来是……	
H	过去一直是……	
G	将来一直是……	
=	……与……是相同的事物	身份
<	……小于……	
≤	……小于或等于 ……	
∣…∣	……的真值的绝对值	
Max	……与……中较大的	
Min	……与……中较小的	
pr	……的概率	
pr(… ∣ …)	在……条件下……的概率	条件概率
E	……情况的期望值	
V	……情况的值	
⋍	……约等于……	

思考问题

以下是为本书的每一章提供的练习题，你可以用于测试自己对那一章内容的理解。这些问题的答案可在以下网址获得：

www.oup.co.uk/vsi/logic

第一章：以下推理是否具有演绎效度或者归纳效度，或者两种效度都不具有？为什么？乔塞是西班牙人，大多数西班牙人都是天主教教徒，因此乔塞是个天主教教徒。

第二章：请用逻辑符号来表示以下推理，并估算它的效度。琼斯要么是个流氓，要么是个傻瓜，但他肯定是一个流氓，因此他不是个傻瓜。

第三章：请用逻辑符号来表示以下推理，并估算它的效度。某个人要么看见了射击要么听见了射击声，因此要么有人看见了射击，要么有人听见了射击声。

第四章：请用逻辑符号来表示以下推理，并估算它的效度。每个人都曾想要获奖，因此那个赢得赛跑的人也曾想要获奖。

第五章：请用逻辑符号来表示以下推理，并估算它的效度。你做了个煎蛋，而且你不做煎蛋就不会打破一个鸡蛋，因此你打破了一个鸡蛋。

第六章：请用逻辑符号来表示以下推理，并估算它的效度。猪不可能飞翔，而且猪也不可能在水下呼吸，因此猪既没有飞翔也没有在水下呼吸肯定为真。

第七章：请用逻辑符号来表示以下推理，并估算它的效度。如果你信仰上帝，那么你便去教堂（做礼拜）；你去了教堂，因此你信仰上帝。

第八章：请用逻辑符号来表示以下推理，并估算它的效度。雨一直下到现在，且将来一直会下，因此现在正下着雨。

第九章：请用逻辑符号来表示以下推理，并估算它的效度。帕特是位妇女，且那个曾经擦窗户的人不是妇女，因此帕特不是那个曾经擦窗户的人。

第十章：请用逻辑符号来表示以下推理，并估算它的效度，其中，可接受程度为 0.5。珍妮很聪明，且要么珍妮不聪明，要么她很漂亮，因此珍妮很漂亮。

第十一章：以下是从 10 个人（用 1—10 来表示）那里收集来的数据，组成了一个集合。

	1	2	3	4	5	6	7	8	9	10
高	√		√		√				√	
富有	√		√		√		√	√		
快乐	√	√		√	√			√	√	

如果 r 是从这个集合里任意选取的一个人，请估算一下这个推理的归纳效度。r 又高又富有，因此 r 很快乐。

第十二章:假设有两种疾病 A 和 B,它们具有相同的症状。具有这种症状的人中有 90%患的是 A 病,剩下的 10%患的是 B 病。我们同时假设有一种病理检查可区分 A 病和 B 病。检查的正确率为十分之九。

1. 当对任意选择的一个人进行检查时,检查结果他患有 B 病的概率是多少?(提示:考虑一个典型样本,即 100 个具有这种症状的人,然后计算出多少人会患 B 病。)
2. 在经过检查患有 B 病的人中,某人真正患有 B 病的概率是多少?(提示:你得利用第一个问题作答。)

第十三章:你雇了一辆汽车。如果不参加保险而发生交通事故,就会让你花掉 1500 美元。如果参加了保险而发生交通事故,你只需花掉 300 美元。保险费为 90 美元,且你估算的事故概率为 0.05。假如只从金钱上考虑,你应该参加保险吗?

一般索引

（条目后的数字为原文页码）

术语参考出处一般标明所在页码，但标有“第 X 章”的除外，这时要参阅整章内容。重要参考出处用黑体印刷，表示该页不止一个参考出处。

I

L

M

N

O

V

人名索引

（条目后的数字为原文页码）

A

B

C

D

E

F

G

H

J

Graham Priest

LOGIC

A Very Short Introduction

This book is dedicated to all those who have ever thought about logic – or who ever will.

Contents

Preface

Logic is one of the most ancient intellectual disciplines, and one of the most modern. Its beginnings go back to the 4th century BC. The only older disciplines are philosophy and mathematics, with both of which it has always been intimately connected. It was revolutionized around the turn of the twentieth century, by the application of new mathematical techniques, and in the last half-century it has found radically new and important roles in computation and information processing. It is thus a subject that is central to much human thought and endeavour.

This book is an introduction to logic, as contemporary logicians now understand the subject. It does not attempt to be a textbook, however. There are numerous such books currently available. The point of this one is to explore the roots of logic, which sink deep into philosophy. Some formal logic will be explained along the way.

In each of the main chapters, I start by taking up some particular philosophical problem or logical puzzle. I then explain one approach to it. Often this is a fairly standard one; but in some of the areas there is no standard answer: logicians still disagree. In such cases, I have just chosen one that is interesting. Nearly all the approaches, whether standard or not, may be challenged. I finish each chapter with some problems for the approach that I have explained. Sometimes these problems are standard; sometimes they are not. Sometimes they may have easy answers; sometimes they may not. The aim is to challenge you to figure out what you make of the matter.

Modern logic is a highly mathematical subject. I have tried to write the material in such a way as to avoid nearly all mathematics. The most that is required is a little high-school algebra in the last few chapters. It is true that you will need the determination to master some symbolism that may be new to you; but this is a lot less than is required to have a basic grasp of any new language. And the perspicuity that the symbolism gives to difficult questions makes any trouble one may have in mastering it well worth it. One warning, though: reading a book on logic or philosophy is not like reading a novel. There will be times when you will have to read slowly and carefully. Sometimes you may have to stop and think about things; and you should be prepared to go back and reread a paragraph if necessary.

The final chapter of the book is on the development of logic. In this, I have tried to put some of the issues that the book deals with in an historical perspective, to show that logic is a living subject, which has always evolved, and which will continue to do so. The chapter also contains suggestions for further reading.

There are two appendices. The first contains a glossary of terms and symbols. You may consult this if you forget the meaning of a word or symbol. The second appendix contains a question relevant to each chapter, with which you can test your understanding of its main ideas.

The book goes for breadth rather than depth. It would be easy to write a book on the topic of every single chapter — indeed, many such books have been written. And even so, there are very many important issues in logic that I have not even touched on here. But if you hang in there till the end of the book, you will have a pretty good idea of the fundamentals of modern logic, and why people find it worth thinking about the subject.

List of Illustrations

Chapter 1
Validity: What Follows from What?

Most people like to think of themselves as logical. Telling someone 'You are not being logical' is normally a form of criticism. To be illogical is to be confused, muddled, irrational. But what is logic? In Lewis Carroll's *Through the Looking Glass*, Alice meets the logic-chopping pair Tweedledum and Tweedledee. When Alice is lost for words, they go onto the attack:

> 'I know what you are thinking about', said Tweedledum: 'but it isn't so, nohow.'
>
> 'Contrariwise,' continued Tweedledee, 'if it was so, it might be; and if it were so, it would be: but as it isn't, it ain't. That's logic.'

What Tweedledee is doing – at least, in Carroll's parody – is reasoning. And that, as he says, is what logic is about.

We all reason. We try to figure out what is so, reasoning on the basis of what we already know. We try to persuade others that something is so by giving them reasons. Logic is the study of what counts as a good reason for what, and why. You have to understand this claim in a certain way, though. Here are two bits of reasoning – logicians call them *inferences*:

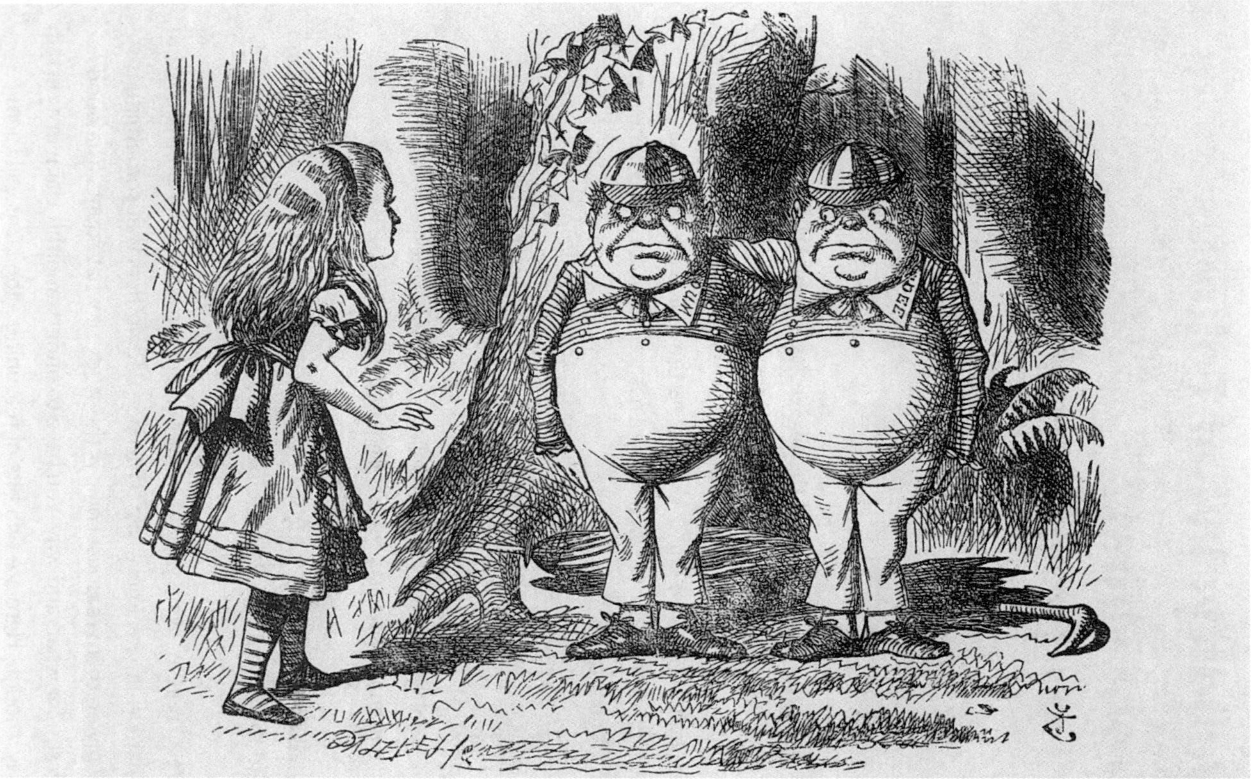

1. Tweedledum and Tweedledee debate the finer points of logic with Alice

1. Rome is the capital of Italy, and this plane lands in Rome; so the plane lands in Italy.
2. Moscow is the capital of the USA; so you can't go to Moscow without going to the USA.

In each case, the claims before the 'so' – logicians call them *premisses* – are giving reasons; the claims after the 'so' – logicians call them *conclusions* – are what the reasons are supposed to be reasons for. The first piece of reasoning is fine; but the second is pretty hopeless, and wouldn't persuade anyone with an elementary knowledge of geography: the premiss, that Moscow is the capital of the USA, is simply false. Notice, though, that if the premiss had been true – if, say, the USA had bought the whole of Russia (not just Alaska) and had moved the White House to Moscow to be nearer the centres of power in Europe – the conclusion would indeed have been true. It would have followed from the premisses; and that is what logic is concerned with. It is not concerned with whether the premisses of an inference are true or false. That's somebody else's business (in this case, the geographer's). It is interested simply in whether the conclusion follows from the premisses. Logicians call an inference where the conclusion really does follow from the premisses *valid*. So the central aim of logic is to understand validity.

You might think this a rather dull task – an intellectual exercise with somewhat less appeal than solving crossword puzzles. But it turns out that this is not only a very hard matter; it is one that cannot be divorced from a number of important (and sometimes profound) philosophical questions. We will see some of these as we go along. For the moment, let us get a few more of the basic facts about validity straight.

To start with, it is common to distinguish between two different kinds of validity. To understand this, consider the following three inferences:

1. If the burglar had broken in through the kitchen window, there

would be footprints outside; but there are no footprints; so the burglar didn't break in through the kitchen window.

2. Jones has nicotine-stained fingers; so Jones is a smoker.
3. Jones buys two packets of cigarettes a day; so someone left footprints outside the kitchen window.

The first inference is a very straightforward one. If the premisses are true, so must the conclusion be. Or, to put it another way, the premisses couldn't be true without the conclusion also being true. Logicians call an inference of this kind *deductively valid*. Inference number two is a bit different. The premiss clearly gives a good reason for the conclusion, but it is not completely conclusive. After all, Jones could simply have stained his hands to make people think that he was a smoker. So the inference is not deductively valid. Inferences like this are usually said to be *inductively valid*. Inference number three, by contrast, appears pretty hopeless by any standard. The premiss seems to provide no kind of reason for the conclusion at all. It is invalid – both deductively and inductively. In fact, since people are not complete idiots, if someone actually offered a reason like this, one would assume that there is some extra premiss that they had not bothered to tell us (maybe that someone passes Jones his cigarettes through the kitchen window).

Inductive validity is a very important notion. We reason inductively all the time; for example, in trying to solve problems such as why the car has broken down, why a person is ill, or who committed a crime. The fictional logician Sherlock Holmes was a master of it. Despite this, historically, much more effort has gone into understanding deductive validity – maybe because logicians have tended to be philosophers or mathematicians (in whose studies deductively valid inferences are centrally important), and not doctors or detectives. We will come back to the notion of induction later in the book. For the present, let's think some more about deductive validity. (It is natural to suppose that deductive validity is the simpler notion, since valid inferences are more cut-and-dried. So it's not a bad idea to try to understand this first. That, as we shall see, is hard enough.) Until further notice 'valid' will simply mean 'deductively valid'.

So what is a valid inference? One, we saw, where the premisses can't be true without the conclusion also being true. But what does that mean? In particular, what does the *can't* mean? In general, 'can't' can mean many different things. Consider, for example: 'Mary can play the piano, but John can't'; here we are talking about human abilities. Compare: 'You can't go in here: you need a permit'; here we are talking about what some code of rules permits.

It is natural to understand the 'can't' relevant to the present case in this way: to say that the premisses can't be true without the conclusion being true is to say that in all situations in which all the premisses are true, so is the conclusion. So far so good; but what, exactly, is a situation? What sorts of things go into their makeup, and how do these things relate to each other? And what is it to be *true*? Now, there's a philosophical problem for you, as Tweedledee might have said.

These issues will concern us by and by; but let us leave them for the time being, and finish with one more thing. One shouldn't run away with the idea that the explanation of deductive validity that I have just given is itself unproblematic. (In philosophy, all interesting claims are contentious.) Here is one problem. Assuming that the account is correct, to know that an inference is deductively valid is to know that there are no situations in which the premisses are true and the conclusion is not. Now, on any reasonable understanding of what it is to be a situation, there are an awful lot of them: situations about things on the planets of distant stars; situations about events before there were any living beings in the cosmos; situations described in works of fiction; situations imagined by visionaries. How can one know what holds in *all* situations? Worse, there would appear to be an infinite number of situations (situations one year hence, situations two years hence, situations three years hence, . . .). It is therefore impossible, even in principle, to survey all situations. So if this account of validity is correct, and given that we can recognize inferences as valid or invalid (at least in many cases) we must have some insight into this, from some special source. What source?

Do we need to invoke some sort of mystic intuition? Not necessarily. Consider an analogous problem. We can all distinguish between grammatical and ungrammatical strings of words of our native language without too much problem. For example, any native speaker of English would recognize that 'This is a chair' is a grammatical sentence, but 'A chair is is a' is not. But there would appear to be an infinite number of both grammatical and ungrammatical sentences. (For example, 'One is a number', 'Two is a number', 'Three is a number', . . . are all grammatical sentences. And it is easy enough to produce word salads *ad libitum*). So how do we do it? Perhaps the most influential of modern linguists, Noam Chomsky, suggested that we can do this because the infinite collections are encapsulated in a finite set of rules that are hard-wired into us; that evolution has programmed us with an innate grammar. Could logic be the same? Are the rules of logic hard-wired into us in the same way?

Main Ideas of the Chapter

- A valid inference is one where the conclusion follows from the premiss(es).
- A deductively valid inference is one for which there is no situation in which all the premisses are true, but the conclusion is not.

Chapter 2

Truth Functions – or Not?

Whether or not the rules of validity are hard-wired into us, we all have pretty strong intuitions about the validity or otherwise of various inferences. There wouldn't be much disagreement, for example, that the following inference is valid: 'She's a woman and a banker; so she's a banker'. Or that the following inference is invalid: 'He's a carpenter; so he's a carpenter and plays baseball'.

But our intuitions can get us into trouble sometimes. What do you think of the following inference? The two premisses occur above the line; the conclusion below it.

The Queen is rich.   The Queen isn't rich.
―――――――――――――――――――――――――
Pigs can fly.

It certainly doesn't seem valid. The wealth of the Queen – great or not – would seem to have no bearing on the aviatory abilities of pigs.

But what do you think about the following two inferences?

The Queen is rich.
―――――――――――――――――――――――――
Either the Queen is rich or pigs can fly.

$$\frac{\text{Either the Queen is rich or pigs can fly.} \qquad \text{The Queen isn't rich.}}{\text{Pigs can fly.}}$$

The first of these seems valid. Consider its conclusion. Logicians call sentences like this a *disjunction*; and the clauses on either side of the 'or' are called *disjuncts*. Now, what does it take for a disjunction to be true? Just that one or other of the disjuncts is true. So in any situation where the premiss is true, so is the conclusion. The second inference also seems valid. If one or other of two claims is true and one of these isn't, the other must be.

Now, the trouble is that by putting these two apparently valid inferences together, we get the apparently invalid inference, like this:

$$\frac{\dfrac{\text{The Queen is rich.}}{\text{Either the Queen is rich or pigs can fly.}} \qquad \text{The Queen isn't rich.}}{\text{Pigs can fly.}}$$

This can't be right. Chaining valid inferences together in this way can't give you an invalid inference. If all the premises are true in any situation, then so are their conclusions, the conclusions that follow from *these*; and so on, till we reach the final conclusion. What has gone wrong?

To give an orthodox answer to this question, let us focus a bit more on the details. For a start, let's write the sentence 'Pigs can fly' as p, and the sentence 'The Queen is rich' as q. This makes things a bit more compact; but not only that: if you think about it for a moment, you can see that the two particular sentences actually used in the examples above don't have much to do with things; I could have set everything up using pretty much any two sentences; so we can ignore their content. This is what we do in writing the sentences as single letters.

The sentence 'Either the Queen is rich or pigs can fly' now becomes 'Either q or p'. Logicians often write this as $q \vee p$. What of 'The Queen isn't rich'? Let us rewrite this as 'It is not the case that the Queen is rich', pulling the negative particle to the front of the sentence. Hence, the sentence becomes 'It is not the case that *q*'. Logicians often write this as $\neg q$, and call it the *negation* of *q*. While we are at it, what about the sentence 'The Queen is rich *and* pigs can fly', that is, '*q* and *p*'? Logicians often write this as $q \,\&\, p$ and call it the *conjunction* of *q* and *p*, *q* and *p* being the *conjuncts*. With this machinery under our belt, we can write the chain-inference that we met thus:

$$\dfrac{\dfrac{q}{q \vee p} \quad \neg q}{p}$$

What are we to say about this inference?

Sentences can be true, and sentences can be false. Let us use *T* for truth, and *F* for falsity. After one of the founders of modern logic, the German philosopher/mathematician Gottlob Frege, these are often called *truth values*. Given any old sentence, *a*, what is the connection between the truth value of *a* and that of its negation, $\neg a$? A natural answer is that if one is true, the other is false, and vice versa. Thus, if 'The Queen is rich' is true, 'The Queen isn't rich' is false, and vice versa. We can record this as follows:

> $\neg a$ has the value *T* just if *a* has the value *F*.
> $\neg a$ has the value *F* just if *a* has the value *T*.

Logicians call these the *truth conditions* for negation. If we assume that every sentence is either true or false, but not both, we can depict the conditions in the following table, which logicians call a *truth table*:

a	$\neg a$
T	*F*
F	*T*

2. Gottlob Frege (1848–1925), one of the founders of modern logic

If *a* has the truth value given in the column under it, ¬*a* has the corresponding value to its right.

What of disjunction, ∨? As I have already noted, a natural assumption is that a disjunction, *a* ∨ *b*, is true if one or other (or maybe both) of *a* and *b* are true, and false otherwise. We can record this in the truth conditions for disjunction:

> *a* ∨ *b* has the value *T* just if at least one of *a* and *b* has the value *T*.
> *a* ∨ *b* has the value *F* just if both of *a* and *b* have the value *F*.

These conditions can be depicted in the following truth table:

a	*b*	*a* ∨ *b*
T	*T*	*T*
T	*F*	*T*
F	*T*	*T*
F	*F*	*F*

Each row – except the first, which is the header – now records a possible combination of the values for *a* (first column) and *b* (second column). There are four such possible combinations, and so four rows. For each combination, the corresponding value of *a* ∨ *b* is given to its right (third column).

Again, while we are about it, what is the connection between the truth values of *a* and *b*, and that of *a* & *b*? A natural assumption is that *a* & *b* is true if both *a* and *b* are true, and false otherwise. Thus, for example, 'John is 35 and has brown hair' is true just if 'John is 35' and 'John has brown hair' are both true. We can record this in the truth conditions for conjunction:

> *a* & *b* has the value *T* just if both of *a* and *b* have the value *T*.
> *a* & *b* has the value *F* just if at least one of *a* and *b* has the value *F*.

These conditions can be depicted in the following truth table:

a	b	$a \& b$
T	T	T
T	F	F
F	T	F
F	F	F

Now, how does all this bear on the problem we started with? Let us come back to the question I raised at the end of the last chapter: what is a situation? A natural thought is that whatever a situation is, it determines a truth value for every sentence. So, for example, in one particular situation, it might be true that the Queen is rich and false that pigs can fly. In another it might be false that the Queen is rich, and true that pigs can fly. (Note that these situations may be purely hypothetical!) In other words, a situation determines each relevant sentence to be either *T* or *F*. The relevant sentences here do not contain any occurrences of 'and', 'or' or 'not'. Given the basic information about a situation, we can use truth tables to work out the truth values of the sentences that do.

For example, suppose we have the following situation:

$p : T$
$q : F$
$r : T$

(*r* might be the sentence 'Rhubarb is nutritious', and '$p : T$' means that *p* is assigned the truth value *T*, etc.) What is the truth value of, say, $p \& (\neg r \vee q)$? We work out the truth value of this in exactly the same way that we would work out the numerical value of $3 \times (-6 + 2)$ using tables for multiplication and addition. The truth value of *r* is *T*. So the truth table for ¬ tells us that the truth value of ¬*r* is *F*. But since the value of *q* is *F*, the truth table for ∨ tells us that the value of ¬*r*∨*q* is *F*. And since the truth value of *p* is *T*, the truth table for & tells us that the value of *p* & (¬*r* ∨ *q*) is *F*. In this step-by-step way, we can work out the truth value of any formula containing occurrences of &, ∨, and ¬.

Now, recall from the last chapter that an inference is valid provided that there is no situation which makes all the premisses true, and the conclusion untrue (false). That is, it is valid if there is no way of assigning *T*s and *F*s to the relevant sentences, which results in all the premisses having the value *T* and the conclusion having the value *F*. Consider, for example, the inference that we have already met, *q*/*q* ∨ *p*. (I write this on a single line to save Oxford University Press money.) The relevant sentences are *q* and *p*. There are four combinations of truth values, and for each of these we can work out the truth values for the premiss and conclusion. We can represent the result as follows:

q	*p*	*q*	*q* ∨ *p*
T	*T*	*T*	*T*
T	*F*	*T*	*T*
F	*T*	*F*	*T*
F	*F*	*F*	*F*

The first two columns give us all the possible combinations of truth values for *q* and *p*. The last two columns give us the corresponding truth values for the premiss and the conclusion. The third column is the same as the first. This is an accident of this example, due to the fact that, in this particular case, the premiss happens to be one of the relevant sentences. The fourth column can be read off from the truth table for disjunction. Given this information, we can see that the inference is valid. For there is no row where the premiss, *q*, is true and the conclusion, *q* ∨ *p*, is not.

What about the inference $q \vee p, \neg q / p$? Proceeding in the same way, we obtain:

q	p	$q \vee p$	$\neg q$	p
T	T	T	F	T
T	F	T	F	F
F	T	T	T	T
F	F	F	T	F

This time, there are five columns, because there are two premisses. The truth values of the premisses and conclusion can be read off from the truth tables for disjunction and negation. And again, there is no row where both of the premisses are true and the conclusion is not. Hence, the inference is valid.

What about the inference with which we started: $q, \neg q / p$? Proceeding as before, we get:

q	p	q	$\neg q$	p
T	T	T	F	T
T	F	T	F	F
F	T	F	T	T
F	F	F	T	F

Again, the inference is valid; and now we see why. There is no row in which both of the premisses are true and the conclusion is false. Indeed, there is no row in which both of the premisses are true. The conclusion doesn't really matter at all! Sometimes, logicians describe this situation by saying that the inference is *vacuously* valid, just because the premisses could never be true together.

Here, then, is a solution to the problem with which we started. According to this account, our original intuitions about this inference were wrong. After all, people's intuitions can often be misleading. It seems obvious to everyone that the earth is motionless – until they take a course in physics, and find out that it is really hurtling through space. We can even offer an explanation as to why our logical intuitions go wrong. Most of the inferences we meet in practice are not of the vacuous kind. Our intuitions develop in this sort of context, and don't apply generally – just as the habits you build up learning to walk (for example, not to lean to the side) don't always work in other contexts (for example, when you to learn to ride a bike).

We will come back to this matter in a later chapter. But let us end this one with a brief look at the adequacy of the machinery we have used. Things here are not as straightforward as one might have hoped. According to this account, the truth value of a sentence $\neg a$ is completely determined by the truth value of the sentence *a*. In a similar way, the truth values of the sentences $a \vee b$ and a & b are completely determined by the truth values of *a* and *b*. Logicians call operations that work like this *truth functions*. But there are good reasons to suppose that 'or' and 'and', as they occur in English, are not truth functions – at least, not always.

For example, according to the truth table for &, '*a* and *b*' always has the same truth value as '*b* and *a*': namely, they are both true if *a* and *b* are both true, and false otherwise. But consider the sentences:

1. John hit his head and fell down.
2. John fell down and hit his head.

The first says that John hit his head *and then* fell down. The second says that John fell down *and then* hit his head. Clearly, the first could be true whilst the second is false, and vice versa. Thus, it is not just the truth values of the conjuncts that are important, but which conjunct caused which.

Similar problems beset 'or'. According to the account we had, '*a* or *b*' is true if one or other of *a* and *b* is true. But suppose a friend says:

Either you come now or we will be late;

and so you come. Given the truth table for ∨, the disjunction is true. But suppose you discover that your friend had been tricking you: you could have left half an hour later and still been on time. Under these circumstances, you would surely say that your friend had lied: what he had said was false. Again, it is not merely the truth values of the disjuncts that are important, but the existence of a connection of a certain kind between them.

I will leave you to think about these matters. The material we have been looking at gives us at least a working account of how certain logical machinery functions; and we will draw on this in succeeding chapters, unless the ideas in those chapters explicitly override it – which they will sometimes.

The machinery in question deals only with certain kinds of inferences: there are many others. We have only just started.

Main Ideas of the Chapter

- In a situation, a unique truth value (*T* or *F*) is assigned to each relevant sentence.
- $\neg a$ is *T* just if *a* is *F*.
- $a \vee b$ is *T* just if at least one of *a* and *b* is *T*.
- *a* & *b* is *T* just if both of *a* and *b* are *T*.

Chapter 3

Names and Quantifiers: Is Nothing Something?

The inferences that we looked at in the last chapter involved phrases like 'or' and 'it is not the case that', words that add to, or join, whole sentences to make other whole sentences; but there are lots of inferences that appear to work in a quite different way. Consider, for example, the inference:

Marcus gave me a book.
―――――――――――――――
Someone gave me a book.

Neither the premiss nor the conclusion has a part which is itself a whole sentence. If this inference is valid, it is so because of what is going on *within* whole sentences.

Traditional grammar tells us that the simplest whole sentences are composed of a *subject* and a *predicate*. Thus, consider the examples:

1. Marcus saw the elephant.
2. Annika fell asleep.
3. Someone hit me.
4. Nobody came to my party.

The first word, in each case, is the subject of the sentence: it tells us what the sentence is about. The rest is the predicate: this tells us what is

3. Nobody

said about it. Now, when is such a sentence true? Take the second example. It is true if the object referred to by the subject 'Annika' has the property expressed by the predicate, that is, fell asleep.

All well and good. But what does the subject of sentence 3 refer to? The person who hit me? But maybe nobody hit me. No one said that this was a true sentence. The case with sentence 4 is even worse. To whom does 'nobody' refer? In *Through the Looking Glass*, just before her encounter with the Lion and the Unicorn, Alice comes across the White King, who is waiting for a messenger. (For some reason, when the messenger turns up, it looks disconcertingly like a rabbit.) When the King meets Alice, he says:

> 'Just look along the road, and tell me if you can see . . . [the Messenger].'
> 'I see nobody on the road,' said Alice.
> 'I only wish I had such eyes,' the King remarked in a fretful tone. 'To be able to see Nobody! And at that distance too! Why, it's as much as *I* can do to see real people, by this light!'

Carroll is making a logical joke, as he often does. When Alice says that she can see nobody, she is not saying that she can see a person – real or otherwise. 'Nobody' does not refer to a person – or to anything else.

Words like 'nobody', 'someone', 'everyone' are called by modern logicians *quantifiers*, and they are distinguished from names like 'Marcus' and 'Annika'. What we have just seen is that, even if both quantifiers and names can be the grammatical subjects of sentences, they must function in quite different ways. So, how do quantifiers work?

Here is a standard modern answer. A situation comes furnished with a stock of objects. In our case, the relevant objects are all people. All the names which occur in our reasoning about this situation refer to one of the objects in this collection. Thus, if we write *m* for 'Marcus', *m* refers to one of these objects. And if we write H for 'is happy', then the sentence mH is true in the situation just if the object referred to by m has the property expressed by H. (For perverse reasons of their own, logicians usually reverse the order, and write Hm, instead of mH. This is just a matter of convention.)

Now consider the sentence 'Someone is happy'. This is true in the situation just if there is *some* object or other, in the collection of objects, that is happy – that is, some object in the collection, call it x, is such that x is happy. Let us write 'Some object, x, is such that' as $\exists x$. Then we may write the sentence as: '$\exists x$ x is happy'; or remembering that we are writing 'is happy' as H, as: $\exists x\, xH$. Logicians sometimes call $\exists x$ a *particular quantifier*.

What about 'Everyone is happy'? This is true in a situation if *every* object in the relevant collection is happy. That is, every object, x, in the collection is such that x is happy. If we write 'Every object, x, is such that' as $\forall x$, then we can write this as $\forall x\, xH$. Logicians usually call $\forall x$ a *universal quantifier*.

There are now no prizes for guessing how we are to understand 'Nobody is happy'. This just means that there is no object, x, in the relevant collection, such that x is happy. We could have a special symbol meaning 'No object, x, is such that', but as a matter of fact, logicians don't normally bother with one. For to say that no one is happy is to say it is not the case that somebody is happy. So we may write this as $\neg\exists x\, xH$.

This analysis of quantifiers shows us that names and quantifiers work quite differently. In particular, the fact that 'Marcus is happy' and 'Someone is happy' get written, very differently, as mH and $\exists x\, xH$, respectively, shows us this. It shows us, moreover, that apparently simple grammatical form may be misleading. Not all grammatical subjects are equal. The account, incidentally, shows us why the inference with which we started is valid. Let us write *G* for 'gave me the book'. Then the inference is:

$$\frac{mG}{\exists x \; xG}$$

It is clear that if, in some situation, the object referred to by the name *m* gave me the book, then some object in the relevant collection gave me the book. By contrast, the White King is inferring from the fact that Alice saw nobody that she saw somebody (viz., Nobody). If we write 'is seen by Alice' as *A* then the King's inference is:

$$\frac{\neg\exists x \; xA}{\exists x \; xA}$$

This is clearly invalid. If there is no object in the relevant domain that was seen by Alice, it is obviously *not* true that there is some object in the relevant domain that was seen by her.

You might think that this is all a lot of fuss about nothing – in fact, just a way of spoiling a good joke. But it's a lot more serious than that. For quantifiers play a central role in many important arguments in mathematics and philosophy. Here is one philosophical example. It's a natural assumption that nothing happens without an explanation: people don't get ill for no reason; cars don't break down without a fault. Everything, then, has a cause. But what could the cause of everything be? Obviously it can't be anything physical, like a person; or even something like the Big Bang of cosmology. Such things must themselves have causes. So it must be something metaphysical. God is the obvious candidate.

This is one version of an argument for the existence of God, often called the *Cosmological Argument*. One might object to the argument in various ways. But at its heart, there is an enormous logical fallacy. The sentence 'Everything has a cause' is ambiguous. It can mean that everything that happens has some cause or other – that is, for every *x*, there is a *y*, such that *x* is caused by *y*; or it can mean that there is something which is the cause of everything – that is, there is some *y* such that for every *x*, *x* is caused by *y*. Suppose we think of the relevant domain of objects as causes and effects, and write '*x* is caused by *y*' as *xCy*. Then we can write these two meanings as, respectively:

1. $\forall x\ \exists y\ xCy$
2. $\exists y\ \forall x\ xCy$

Now, these are not logically equivalent. The first follows from the second. If there is a thing which is the cause of *everything*, then certainly, everything that happens has *some cause or other*. But if everything has some cause or other, it does not follow that there is one and the same thing which is the cause of everything. (Compare: Everyone has a mother; it does not follow that there is someone who is the mother of everyone.)

This version of the Cosmological Argument trades on this ambiguity. What is established by talk of illnesses and cars is 1. But immediately, the argument goes on to ask what that cause is, assuming that it is 2 that has been established. Moreover, this slide is hidden because, in English, 'Everything has a cause' can be used to express either 1 or 2. Notice, also, that there is no ambiguity if the quantifiers are replaced by names. 'The background radiation of the cosmos is caused by the Big Bang' is not at all ambiguous. It may well be that a failure to distinguish between names and quantifiers is a further reason why one may fail to see the ambiguity.

So a correct understanding of quantifiers is important – and not just for logic. The words 'something', 'nothing', etc., do not stand for objects, but function in a completely different way. Or at least, they can do: things are not quite that simple. Consider the cosmos again. Either it stretches back infinitely into time past, or at some particular time it came into existence. In the first case, it had no beginning, but was always there; in the second, it began at some particular time. At different times, physics has, in fact, told us different things about the truth of this matter. Never mind this, however; just consider the second possibility. In this case, the cosmos came into existence out of nothing – or nothing physical, anyway, the cosmos being the totality of everything physical. Now consider that sentence, 'The cosmos came into existence out of nothing'. Let *c* be the cosmos, and let us write '*x* came into existence out of *y*' as *xEy*. Then given our understanding of quantifiers, this sentence should mean $\neg\exists x\ cEx$. But it does not mean this; for this is equally true in the first alternative cosmology. In this, the cosmos, being infinite in time past, did not come into being at all. In particular, then, it is not the case that it came into being *from* something or other. When we say that in the second cosmology the cosmos came into existence out of nothing, we mean that it came into being from *nothingness*. So nothing *can* be a thing. The White King was not so foolish after all.

Main Ideas of the Chapter

- The sentence *nP* is true in a situation if the object referred to by *n* has the property expressed by *P* in that situation.
- $\exists x\ xP$ is true in a situation just if some object in the situation, *x*, is such that *xP*.
- $\forall x\ xP$ is true in a situation just if every object in the situation, *x*, is such that *xP*.

Chapter 4

Descriptions and Existence: Did the Greeks Worship Zeus?

While we are on the topic of subjects and predicates, there is a certain kind of phrase that can be the subject of sentences, which we haven't talked about yet. Logicians usually call them *definite descriptions*, or sometimes just *descriptions* – though be warned that this is a technical term. Descriptions are phrases like 'the man who first landed on the Moon' and 'the only man-made object on the Earth that is visible from space'. In general, descriptions have the form: *the thing satisfying such and such a condition*. Following the English philosopher/mathematician, Bertrand Russell, one of the founders of modern logic, we can write them as follows. Rewrite 'the man who first landed on the Moon' as 'the object, *x*, such that *x* is a man and *x* landed first on the Moon'. Now write ιx *for* 'the object, x, such that', and this becomes 'ιx(*x* is a man and *x* landed first on the Moon)'. If we write *M* for 'is a man' and *F* for 'landed first on the Moon', we then get: $\iota x(xM \ \& \ xF)$. In general, a description is something of the form $\iota x c_x$, where c_x is some condition containing occurrences of *x*. (That's what the little subscript *x* is there to remind you of.)

Since descriptions are subjects, they can be combined with predicates to make whole sentences. Thus, if we write *U* for 'was born in the USA', then 'the man who first landed on the Moon was born in the USA' is: $\iota x(xM \ \& \ xF)U$. Let us write μ as a shorthand for $\iota x(xM \ \& \ xF)$. (I use a Greek

4. Bertrand Russell (1872–1970), another of the founders of modern logic

letter to remind you that it is really a description.) Then this is μU. Similarly, 'The first man to land on the Moon is a man and he landed first on the Moon' is μM & μF.

In terms of the division of the last chapter, descriptions are names, not quantifiers. That is, they refer to objects – if we are lucky: we'll come back to that. Thus, 'The man who first landed on the Moon was born in the USA', μU, is true just if the particular person referred to by the phrase μ has the property expressed by U.

But descriptions are a special kind of name. Unlike what we might call *proper names*, like 'Annika' and 'the Big Bang', they carry information about the object referred to. Thus, for example, 'the man who first landed on the Moon' carries the information that the object referred to has the property of being a man and being first on the Moon. This might all seem banal and obvious, but things are not as simple as they appear. Because descriptions carry information in this way, they are often central to important arguments in mathematics and philosophy; and one way to appreciate some of these complexities is to look at an example of such an argument. This is another argument for the existence of God, often called the *Ontological Argument*. The argument comes in a number of versions, but here is a simple form of it:

> God is the being with all the perfections.
> But existence is a perfection.
> So God possesses existence.

i.e., God exists. If you haven't met this argument before, it will appear rather puzzling. For a start, what is a perfection? Loosely, a perfection is something like omniscience (knowing everything that there is to know), omnipotence (being able to do everything that can be done), and being morally perfect (acting always in the best possible way). In general, the perfections are all those properties that it is a jolly good thing to have. Now, the second premiss says that existence is a perfection. Why on earth should this be so? The reason one might suppose this to be so is a rather complex one, with its roots in the philosophy of one of the two most influential ancient Greek philosophers, Plato. Fortunately, we can work around this issue. We can make a list of properties like omniscience, omnipotence, etc., include existence in the list, and simply let 'perfection' mean any property on the list. Moreover, we can take 'God' to be synonymous with a certain description, namely, 'the being which has all the perfections (i.e., those properties on the list)'. In the Ontological Argument, both premisses are now true by definition, and so drop out of the picture. The Argument then reduces to a one-liner:

> The object which is omniscient, omnipotent, morally perfect, . . . and exists, exists

– and, we might add, is omnipotent, omniscient, morally perfect, and so on. This certainly looks to be true. To make things more perspicuous, suppose we write the list of God's properties as P_1, P_2, . . . , P_n. So the last one, P_n, is existence. The definition of 'God' is: $\iota x(xP_1 \ \& \ \ldots \ \& \ xP_n)$. Let us write this as γ. Then the one-liner is $\gamma P_1 \ \& \ \ldots \ \& \ \gamma P_n$ (from which γP_n follows).

This is a special case of something more general, namely: *the thing satisfying such and such a condition, satisfies that very condition*. This is often called the *Characterization Principle* (a thing has those properties by which it is characterized). We'll abbreviate this as CP. We have already met an example of the CP, with 'The first man to land on the Moon is a man and he landed first on the moon', $\mu M \ \& \ \mu F$. In general, we obtain a case of the CP if we take some description, $\iota x c_x$, and substitute it for every occurrence of x in the condition c_x.

Now, for all the world, the CP looks to be true by definition. Of course things have those properties that they are characterized as having. Unfortunately, in general, it is false. For many things follow from it that are indisputably untrue.

For a start, we can use it to deduce the existence of all kinds of things that do not really exist. Consider the (non-negative) integers: 0, 1, 2, 3, . . . There is no greatest. But using the CP, we can show the existence of a greatest. Let c_x be the condition '*x* is the greatest integer & *x* exists'. Let δ be $\iota x c_x$. Then the CP gives us 'δ is the greatest integer, and δ exists'. The absurdities do not end there. Consider some unmarried person, say the Pope. We can prove that he is married. Let c_x be the condition '*x* married the Pope'. Let δ be the description $\iota x c_x$. The CP gives us 'δ married the Pope'. So someone married the Pope, i.e., the Pope is married.

What is to be said about all this? A fairly standard modern answer goes as follows. Consider the description $\iota x c_x$. If there is a unique object that satisfies the condition c_x in some situation, then the description refers to it. Otherwise, it refers to nothing: it is an 'empty name'. Thus, there is a unique *x*, such that *x* is a man and *x* landed first on the moon, Armstrong. So 'the *x* such that *x* is a man and *x* landed first on the moon' refers to Armstrong. Similarly, there is a unique least integer, namely 0; hence, the description 'the object which is the least integer' denotes 0. But since there is no greatest integer, 'the object which is the greatest integer' fails to refer to anything. Similarly, the description 'the city in Australia which has more than a million people' also fails to refer. Not, this time, because there are no such cities, but because there are several of them.

What has this to do with the CP? Well, if there is a unique object satisfying c_x in some situation, then $\iota x c_x$ refers to it. So the instance of the CP concerning c_x is true: $\iota x c_x$ is one of the things – in fact, the only thing – that satisfies c_x. In particular, the least integer is (indeed) the least integer; the city which is the federal capital of Australia, is indeed, the federal capital of Australia, etc. So some instances of the CP hold.

But what if there is no unique object satisfying c_x? If *n* is a name and *P* is a predicate, the sentence *nP* is true just if there is an object that *n* refers to, and it has the property expressed by P. Hence, if n denotes no object, nP must be false. Thus, if there is no unique thing having the property P, (if, for example, P is 'is a winged horse') $(\iota x\, xP)P$ is false. As is to be expected, under these conditions, the CP may fail.

Now, how does all this bear on the Ontological Argument? Recall that the instance of the CP invoked there is γP_1 & ... & γP_n, where γ is the description $\iota x(xP_1$ & ... & $xP_n)$. Either there is something satisfying xP_1 & ... & xP_n, or there is not. If there is, it must be unique. (There cannot be two omnipotent objects: if I am omnipotent, I can stop you doing things, so you cannot be omnipotent.) So γ refers to this thing, and γP_1 & ... & γP_n is true. If there is not, then γ refers to nothing; so each conjunct of γP_1 & ... & γP_n is false; as, therefore, is the whole conjunction. In other words, the instance of the CP used in the argument is true enough if God exists; but it is false if God does not exist. So if one is arguing for the existence of God, one cannot simply invoke this instance of the CP: that would just be *assuming* what one is supposed to be proving. Philosophers say that such an argument *begs the question*; that is, begs to be granted exactly what is in question. And an argument that begs the question clearly does not work.

So much for the Ontological Argument. Let us finish this chapter by seeing that the account of descriptions that I have explained is itself problematic in certain ways. According to this account, if δP is a sentence where δ is a description that does not refer to anything, it is false. But this does not always seem to be right. For example, it would seem to be true that the most powerful of the ancient Greek gods was called 'Zeus', lived on Mount Olympus, was worshipped by the Greeks, and so on. Yet there were, in reality, no ancient Greek gods. They did not, in fact, exist. If this is right, then the description 'the most powerful of the ancient Greek gods' does not refer to anything. But in that case, there are true subject/predicate sentences in which the subject term fails to refer to anything, such as 'The most powerful of the ancient Greek gods was worshipped by the Greeks'. To put it tendentiously, there are truths about non-existent objects, after all.

Main Idea of the Chapter

- **$\iota x c_x P$ is true in a situation just if, in that situation, there is a unique object, a, satisfying c_x, and aP.**

Chapter 5

Self-Reference: What is this Chapter About?

Often, things seem simple when one thinks about normal cases; but this can be deceptive. When one considers more unusual cases, the simplicity may well disappear. So it is with reference. We saw in the last chapter that things are not as straightforward as one might have supposed, once one takes into account the fact that some names may not refer to anything. Further complexities arise when we consider another kind of unusual case: self-reference.

It is quite possible for a name to refer to something of which it, itself, is part. For example, consider the sentence 'This sentence contains five words'. The name which is the subject of this sentence, 'this sentence', refers to the whole sentence, of which that name is a part. Similar things happen in a set of regulations which contain the clause 'These regulations may be revised by a majority decision of the Department of Philosophy', or by a person who thinks 'If I am thinking this thought, then I must be conscious'.

These are all relatively unproblematic cases of self-reference. There are other cases which are quite different. For example, suppose someone says:

> This very sentence that I am now uttering is false.

Call this sentence λ. Is λ true or false? Well, if it is true, then what it says is the case, so λ is false. But if it is false, then, since this is exactly what it claims, it is true. In either case, λ would seem to be both true and false. The sentence is like a Möbius strip, a topological configuration where, because of a twist, the inside is the outside, and the outside is the inside: truth is falsity, and falsity is truth.

Or suppose someone says:

> This very sentence that I am now uttering is true.

Is that true or false? Well, if it is true, it is true, since that is what it says. And if it is false, then it is false, since it says that it is true. Hence, both the assumption that it is true and the assumption that it is false appear to be consistent. Moreover, there would seem to be no other fact that settles the matter of what truth value it has. It's not just that it has some value which we don't, or even can't, know. Rather, there would seem to be nothing that determines it as either true or false at all. It would seem to be neither true nor false.

These paradoxes are very ancient. The first of them appears to have been discovered by the ancient Greek philosopher Eubulides, and is often called the *liar paradox*. There are many more, and more recent, paradoxes of the same kind, some of which play a crucial role in central parts of mathematical reasoning. Here is another example. A set is a collection of objects. Thus, for example, one may have the set of all people, the set of all numbers, the set of all abstract ideas. Sets can be members of other sets. Thus, for example, the set of all the people in a room is a set, and hence is a member of the set of all sets. Some sets can even be members of themselves: the set of all the objects mentioned on this page is an object mentioned on this page (I have just mentioned it), and so a member of itself; the set of all sets is a set, and so a member of itself. And some sets are certainly not members of themselves: the set

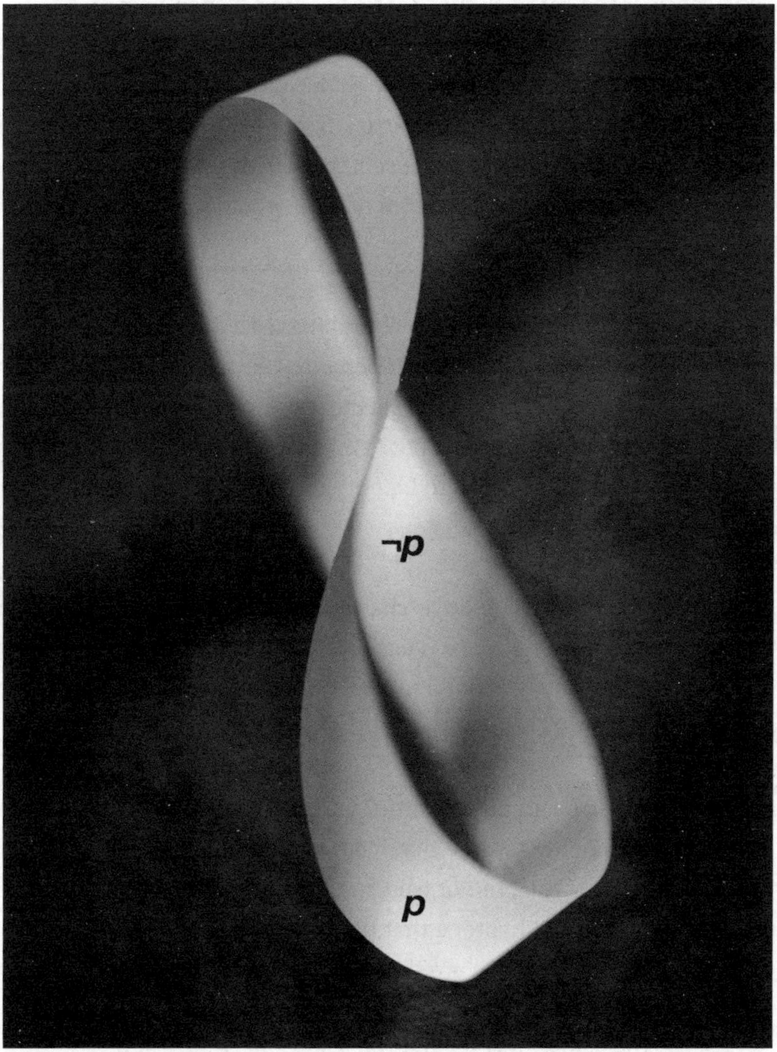

5. A Möbius strip. Inside is outside, and outside in. Truth is falsity, and falsity truth

of all people is not a person, and so not a member of the set of all people.

Now, consider the set of all those sets that are not members of themselves. Call this *R*. Is *R* a member of itself, or is it not? If it is a member of itself, then it is one of the things that is not a member of itself, and so it is not a member of itself. If, on the other hand, it is not a member of itself, it is one of those sets that are not members of themselves, and so it *is* a member of itself. It would seem that *R* both is and is not a member of itself.

This paradox was discovered by Bertrand Russell, whom we met in the last chapter, and so is called *Russell's paradox*. Like the liar paradox, it has a cousin. What about the set of all sets that *are* members of themselves. Is this a member of itself, or is it not? Well, if it is, it is; and if it is not, it is not. Again, there would seem to be nothing to determine the matter either way.

What examples of this kind do, is challenge the assumption we made in Chapter 2, that every sentence is either true or false, but not both. 'This sentence is false', and '*R* is not a member of itself' seem to be both true and false; and their cousins seem to be neither true nor false.

How can this idea be accommodated? Simply by taking these other possibilities into account. Assume that in any situation, every sentence is true but not false, false but not true, both true and false, or neither true nor false. Recall from Chapter 2 that the truth conditions for negation, conjunction and disjunction are the following. In any situation:

$\neg a$ has the value *T* just if *a* has the value *F*.
$\neg a$ has the value *F* just if *a* has the value *T*.

a & *b* has the value *T* just if both *a* and *b* have the value *T*.
a & *b* has the value *F* just if at least one of *a* and *b* has the value *F*.

$a \vee b$ has the value *T* just if at least one of *a* and *b* has the value *T*.
$a \vee b$ has the value *F* just if both *a* and *b* have the value *F*.

Using this information, it is easy to work out the truth values of sentences under the new regime. For example:

- Suppose that *a* is *F* but not *T*. Then, since *a* is *F*, $\neg a$ is *T* (by the first clause for negation). And since *a* is not *T*, $\neg a$ is not *F* (by the second clause for negation). Hence, $\neg a$ is *T* but not *F*.
- Suppose that *a* is *T* and *F*, and that *b* is just *T*. Then both *a* and *b* are *T*, so $a \& b$ is *T* (by the first clause for conjunction). But, because *a* is *F*, at least one of *a* and *b* is *F*, so $a \& b$ is *F* (by the second clause for conjunction). So $a \& b$ is both *T* and *F*.
- Suppose that *a* is just *T*, and that *b* is neither *T* nor *F*. Then since *a* is *T*, at least one of *a* and *b* is *T*, and hence $a \vee b$ is *T* (by the first clause for disjunction). But since *a* is not *F*, then it is not the case that *a* and *b* are both *F*. So $a \vee b$ is not *F* (by the second clause for disjunction). Hence, $a \vee b$ is just *T*.

What does this tell us about validity? A valid argument is still one where there is no situation where the premisses are true, and the conclusion is not true. And a situation is still something that gives a truth value to each relevant sentence. Only now, the situation may give a sentence one truth value, two, or none. So consider the inference $q / q \vee p$. In any situation where *q* has the value *T*, the conditions for $\vee$ assure us that $q \vee p$ also has the value *T*. (It may have the value *F* also, but no matter.) Thus, if the premiss has the value *T*, so does the conclusion. The inference is valid.

At this point, it is worth returning to the inference with which we started in Chapter 2: $q, \neg q / p$. As we saw in that chapter, given the assumptions made there, this inference is valid. But given the new assumptions, things are different. To see why, just take a situation where *q* has the values *T* and *F*, but *p* has just the value *F*. Since *q* is both *T* and *F*, $\neg q$ is also both

T and *F*. Hence, both premisses are *T* (and *F* as well, but that is not relevant), and the conclusion, *p*, is *not T*. This gives us another diagnosis of why we find the inference intuitively invalid. It *is* invalid.

That's not the end of the matter, though. As we saw in Chapter 2, this inference follows from two other inferences. The first of these ($q/q \vee p$) we have just seen to be valid on the present account. The other must therefore be invalid; and so it is. The other inference is:

$$\frac{q \vee p, \neg q}{p}$$

Now consider a situation where *q* gets the values *T* and *F*, and *p* gets just the value *F*. It is easy enough to check that both premisses get the value *T* (as well as *F*). But the conclusion does not get the value *T*. Hence, the inference is invalid.

In Chapter 2, I said that this inference does seem intuitively valid. So, given the new account, our intuitions about this must be wrong. One can offer an explanation of this fact, however. The inference appears to be valid because, if $\neg q$ is true, this seems to rule out the truth of *q*, leaving us with *p*. But on the present account, the truth of $\neg q$ does not rule out that of *q*. It would do so only if something could not be both true and false. When we think the inference to be valid, we are perhaps forgetting such possibilities, which can arise in unusual cases, like those which are provided by self-reference.

Which explanation of the situation is better, the one that we ended up with in Chapter 2, or the one we now have? That is a question which I will leave you to think about. Let us end, instead, by noting that, as always, one may challenge some of the ideas on which the new account rests. Consider the liar paradox and its cousin. Take the latter first. The sentence 'This sentence is true' was supposed to be an example of something that is neither true nor false. Let us suppose that this is so.

Then, in particular, it is not true. But it, itself, says that it *is* true. So it must be false, contrary to our supposition that it is neither true nor false. We seem to have ended up in a contradiction. Or take the liar sentence, 'This sentence is false'. This was supposed to be an example of a sentence that is both true and false. Let's tweak it a bit. Consider, instead, the sentence 'This sentence is not true'. What is the truth value of this? If it is true, then what it says is the case; so it is not true. But if it's not true, then, since that is what it says, it is true. Either way, it would seem to be both true and not true. Again, we have a contradiction on our hands. It's not just that a sentence may take the values *T* and *F*; rather, a sentence can both be *T* and not be *T*.

It is situations of this kind that have made the subject of self-reference a contentious one, ever since Eubulides. It is, indeed, a very tangled issue.

Main Idea of the Chapter

- **Sentences may be true, false, both, or neither.**

Chapter 6

Necessity and Possibility: What Will be Must be?

We often claim not just that something *is* so, but that it *must be* so. We say: 'It must be going to rain', 'It can't fail to rain', 'Necessarily, it's going to rain'. We also have many ways of saying that, though something may, in fact, not be the case, it *could* be. We say: 'It could rain tomorrow', 'It is possible that it will rain tomorrow', 'It's not impossible that it will rain tomorrow'. If a is any sentence, logicians usually write the claim that a must be true as $\Box a$, and the claim that a could be true as $\Diamond a$.

$\Box$ and $\Diamond$ are called *modal operators*, since they express the modes with which things are true or false (necessarily, possibly). The two operators are, in fact, connected. To say that something must be the case is to say that it is not possible for it not to be the case. That is, $\Box a$ means the same as $\neg\Diamond\neg a$. Similarly, to say that it is possible for something to be the case is to say that it is not necessarily the case that it is false. That is, $\Diamond a$ means the same as $\neg\Box\neg a$. For good measure, we can express the fact that it is impossible for a to be true, indifferently, as $\neg\Diamond a$ (it is not possible that a), or as $\Box\neg a$ (a is necessarily false).

Unlike the operators we have met so far, $\Box$ and $\Diamond$ are not truth functions. As we saw in Chapter 2, when you know the truth value of a, you can work out the truth value of $\neg a$. Similarly, when you know the truth values of a and b, you can work out the truth values of $a \vee b$ and *a* & *b*. But you cannot infer the truth value of $\Diamond a$ simply from knowledge of the truth value of *a*. For example, let *r* be the sentence 'I will rise before 7 a.m. tomorrow'. *r* is, as a matter of fact, false. But it certainly could be true: I could set my alarm clock and rise early. Hence, $\Diamond r$ is true. By contrast, let *j* be the sentence 'I will jump out of bed and hover 2m above the ground'. Like *r*, this is false too. But unlike *r*, it is not even possible that it is true. That would violate the laws of gravity. Hence, $\Diamond j$ is false. So the truth value of a sentence, *a*, does not determine that of $\Diamond a$: *r* and *j* are both false, but $\Diamond r$ is true and $\Diamond j$ is false. Similarly, the truth value of *a* does not determine the truth value of $\Box a$. Let *r* now be the sentence 'I will rise before 8 a.m. tomorrow'. This is, in fact, true; but it is not necessarily true. I could stay in bed. Let *j* now be the sentence 'If I jump out of bed tomorrow morning, I will have moved'. That is also true, but there is no way that *that* could be false. It's necessarily true. Hence, *r* and *j* are both true, but one is necessarily true, and the other is not.

Modal operators are therefore operators of a kind quite different from anything that we have met so far. They are also important and often puzzling operators. To illustrate this, here is an argument for fatalism, given by the other of the two most influential ancient Greek philosophers, Aristotle.

Fatalism is the view that whatever happens *must* happen: it could not have been avoided. When an accident occurs, or a person dies, there is nothing that could have been done to prevent it. Fatalism is a view that has appealed to some. When something goes wrong, there is a certain amount of comfort to be derived from the thought that it could not have been otherwise. None the less, fatalism entails that I am powerless to alter what happens, and this seems plainly false. If I am involved in a traffic accident today, I could have avoided it simply by taking a different route. So what is Aristotle's argument? It goes like this. (Ignore the boldface for the present; we will come back to this.)

6. Aristotle (384–322 BCE), the founder of formal logic

Take any claim you like – say, for the sake of illustration, that I will be involved in a traffic accident tomorrow. Now, we may not know yet whether or not this is true, but we know that either I will be involved in an accident or I won't. Suppose the first of these. Then, as a matter of fact, I will be involved in a traffic accident. And **if it is true to say that I will be involved in an accident then it cannot fail to be the case that I will be involved**. That is, it must be the case that I will be involved. Suppose, on the other hand, that I will not, as a matter of fact, be involved in a traffic accident tomorrow. Then it is true to say that I will not be involved in an accident; and if this is so, it cannot fail to be the case that I won't be in an accident. That is, it must be the case that I am not involved in an accident. Whichever of these two *does* happen, then, it *must* happen. This is fatalism.

What is one to say about this? To answer this, let us look at a standard modern understanding of modal operators. We suppose that every situation, *s*, comes furnished with a bunch of possibilities, that is, situations that are possible as far as *s* goes – to be definite, let us say situations that could arise without violating the laws of physics. Thus, if *s* is the situation that I am presently in (being in Australia), my being in London in a week's time is a possible situation; whilst my being on Alpha Centauri (over four light-years away) is not. Following the 17th-century philosopher and logician Leibniz, logicians often call these possible situations, colourfully, *possible worlds*. Now, to say that $\Diamond a$ (it is possibly the case that *a*) is true in *s*, is just to say that *a* is in fact true in *at least one* of the possible worlds associated with *s*. And to say that $\Box a$ (it is necessarily the case that *a*) is true in *s*, is just to say that *a* is true in *all* the possible worlds associated with *s*. This is why $\Box$ and $\Diamond$ are not truth functions. For *a* and *b* may have the same truth value in *s*, say *F*, but may have different truth values in the worlds associated with *s*. For example, *a* may be true in one of them (say, *s′*), but *b* may be true in none, like this:

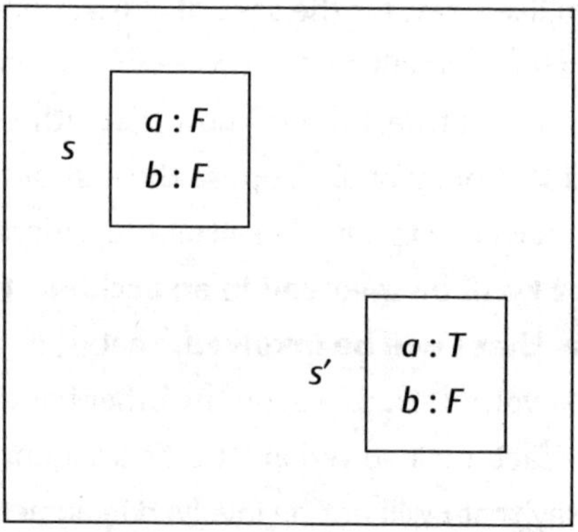

This account gives us a way of analysing inferences employing modal operators. For example, consider the inference:

$$\frac{\Diamond a \quad \Diamond b}{\Diamond (a \,\&\, b)}$$

This is invalid. To see why, suppose that the situations associated with *s* are s_1 and s_2, and that truth values are as follows:

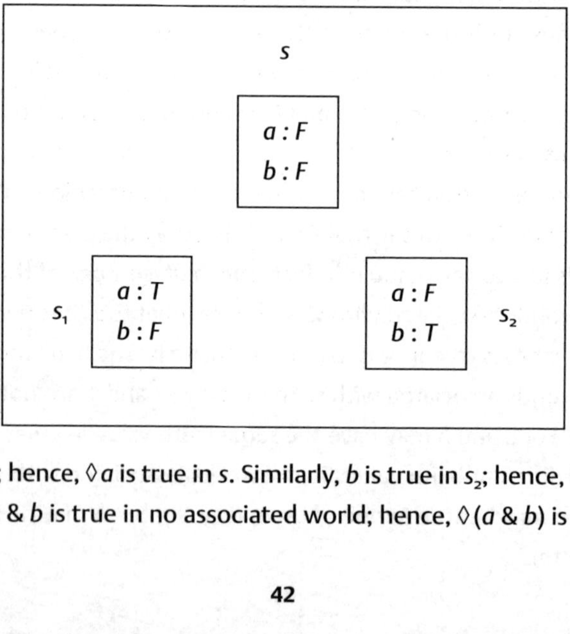

a is *T* at s_1; hence, $\Diamond a$ is true in *s*. Similarly, *b* is true in s_2; hence, $\Diamond b$ is true in *s*. But *a* & *b* is true in no associated world; hence, $\Diamond (a \,\&\, b)$ is not true in *s*.

By contrast, the following inference is valid:

$$\frac{\Box a \quad \Box b}{\Box (a \,\&\, b)}$$

For if the premisses are true in a situation *s*, then *a* and *b* are true in all the worlds associated with *s*. But then *a* & *b* is true in all those worlds. That is, $\Box (a \,\&\, b)$ is true in *s*.

Before we can get back to the question as to how this bears on Aristotle's argument, we need to talk briefly about another logical operator that we have not yet met. Let us write 'if *a* then *b*' as $a \rightarrow b$. Sentences of this form are called *conditionals*, and will concern us a good deal in the next chapter. All we need to note for the present is that the major inference that conditionals seem to be involved in is this:

$$\frac{a \quad a \rightarrow b}{b}$$

(For example: 'If she works out regularly then she is fit. She does work out regularly; so she is fit'.) Modern logicians usually call this inference by the name with which it was tagged by medieval logicians: *modus ponens*. Literally, this means 'the method of positing'. (Don't ask.)

Now, for Aristotle's argument, we need to think a little about conditionals of the form:

if *a* then it cannot fail to be the case that *b*.

Such sentences are, in fact, ambiguous. One thing they can mean is that if *a* is, as a matter of fact, true, then *b* is necessarily true. That is, if *a* is true in the situation we are talking about, *s*, then *b* is true in all the possible situations associated with *s*. We can write this as $a \rightarrow \Box b$. The sentence is being used like this when we say things like: 'You can't change the past. If something is true of the past, it cannot now fail to be true. There is nothing you can do to make it otherwise: it's irrevocable.'

The second meaning of a conditional of the form 'If *a* then it cannot fail to be the case that *b*', is quite different. We often use this form of words to express the fact that *b* follows from *a*. We would be using the sentence like this if we said something like 'If Fred is going to be divorced then he cannot fail to be married'. We are not saying that if Fred is going to be divorced, his marriage is irrevocable. We are saying that you can't get a divorce unless you are married. There is no possible situation in which you have the one, but not the other. That is, in any possible situation, if one is true, so is the other. That is, $\Box(a \rightarrow b)$ is true.

Now, $a \rightarrow \Box b$ *and* $\Box(a \rightarrow b)$ mean quite different things. And certainly, the first does not follow from the second. The mere fact that $a \rightarrow b$ is true in every situation associated with *s*, does not mean that $a \rightarrow \Box b$ is true in *s*. *a* could be true in *s*, whilst $\Box b$ is not: both *b and a* may fail to be true in some associated world. Or, to give a concrete counter-example: it is necessarily true that if John is getting a divorce, he is married; but it is certainly not true that if John is getting a divorce he is necessarily (irrevocably) married.

To come back to Aristotle's argument at last, consider the sentence that I put in boldface: 'If it is true to say that I will be involved in an accident then it cannot fail to be the case that I will be involved'. This is exactly of the form we have just been talking about. It is therefore ambiguous. Moreover, the argument trades on this ambiguity. If *a* is the sentence 'It is true to say that I will be involved in a traffic accident', and *b* is the sentence 'I will be involved (in a traffic accident)', then the boldface conditional is true in the sense:

1. $\Box(a \to b)$

Necessarily, if it is true to say something, then that something is indeed the case. But what needs to be established is:

2. $a \to \Box b$

After all, the next step of the argument is precisely to infer $\Box b$ from a by *modus ponens*. But as we have seen, 2 does not follow from 1 at all. Hence, Aristotle's argument is invalid. For good measure, exactly the same problem arises in the second part of the argument, with the conditional 'If it is true to say that I will not be involved in an accident then it cannot fail to be the case that I won't be involved in an accident'.

This seems a satisfactory reply to Aristotle's argument. But there is a closely related argument that cannot be answered so easily. Come back to the example we had about changing the past. It does seem to be true that if some statement about the past is true, it is now necessarily true. It is impossible, now, to render it false. The Battle of Hastings was fought in 1066, and there is now nothing that one can do to make it have been fought in 1067. Thus, if p is some statement about the past, $p \to \Box p$.

Now consider some statement about the future. Again, for example, let it be the claim that I will be involved in a traffic accident tomorrow. Suppose this is true. Then if someone uttered this sentence 100 years ago, they spoke truly. And even if no one actually uttered it, if anyone had uttered it, they would have spoken truly. Thus, that I will be involved in a traffic accident tomorrow was true 100 years ago. This statement (p) is certainly a statement about the past, and so, since true, necessarily true ($\Box p$). So it must necessarily be true that I will be involved in a traffic accident tomorrow. But that was just an example; the same reasoning could be applied to anything. Thus, anything that happens, must happen. This argument for fatalism does not commit the same fallacy (that is, use the same invalid argument) as the first one that I gave. So is fatalism true after all?

Main Ideas of the Chapter

- Each situation comes with a collection of associated possible situations.
- $\Box a$ is true in a situation, *s*, if *a* is true in every situation associated with *s*.
- $\Diamond a$ is true in a situation, *s*, if *a* is true in some situation associated with *s*.

Chapter 7
Conditionals: What's in an *If*?

In this chapter we'll turn to the logical operator that I introduced in passing in the last chapter, the conditional. Recall that a conditional is a sentence of the form 'if a then c', which we are writing as $a \rightarrow c$. Logicians call a the *antecedent* of the conditional, and c the *consequent*. We also noted that one of the most fundamental inferences concerning the conditional is *modus ponens*: $a, a \rightarrow c / c$. Conditionals are fundamental to much of our reasoning. The previous chapter showed just one example of this. Yet they are deeply puzzling. They have been studied in logic ever since its earliest times. In fact, it was reported by one ancient commentator (Callimachus) that at one time even the crows on the rooftops were cawing about conditionals.

Let us see why – or, at least, one reason why – conditionals are puzzling. If you know that $a \rightarrow c$, it would seem that you can infer that $\neg(a \& \neg c)$ (it is not the case that a and not c). Suppose, for example, that someone informs you that if you miss the bus, you will be late. You can infer from this that it is false that you will miss the bus and not be late. Conversely, if you know that $\neg(a \& \neg c)$, it would seem that you can infer $a \rightarrow c$ from this. Suppose, for example, that someone tells you that you won't go to the movies without spending money (it's not the case that you go to the movies and do not spend money). You can infer that if you go to the movies, you will spend money.

$\neg(a \,\&\, \neg c)$ is often written as $a \supset c$, and called the *material conditional*. Thus, it would appear that $a \rightarrow c$ and $a \supset c$ mean much the same thing. In particular, assuming the machinery of Chapter 2, they must have the same truth table. It is a simple exercise, which I leave to you, to show that this is as follows:

a	*c*	$a \supset c$
T	*T*	*T*
T	*F*	*F*
F	*T*	*T*
F	*F*	*T*

But this is odd. It means that if *c* is true in a situation (first and third rows), so is $a \rightarrow c$. This hardly seems right. It is true, for example, that Canberra is the federal capital of Australia, but the conditional 'If Canberra is not the federal capital of Australia, Canberra is the federal capital of Australia' seems plainly false. Similarly, the truth table shows us that if *a* is false (third and fourth rows), $a \rightarrow c$ is true. But this hardly seems right either. The conditional 'If Sydney is the federal capital of Australia, then Brisbane is the federal capital' also appears patently false. What has gone wrong?

What these examples seem to show is that $\rightarrow$ is not a truth function: the truth value of $a \rightarrow c$ is not determined by the truth values of *a* and *c*. Both of 'Rome is in France' and 'Beijing is in France' are false; but it's true that:

> If Italy is part of France, Rome is in France.

While it's false that:

> If Italy is part of France, Beijing is in France.

So how do conditionals work?

One answer can be given using the machinery of possible worlds of the last chapter. Consider the last two conditionals. In any possible situation in which Italy had become incorporated into France, Rome would indeed have been in France. But there are possible situations in which Italy was incorporated in France, but this had no effect on China at all. So Beijing was still not in France. This suggests that the conditional $a \rightarrow c$ is true in some situation, *s*, just if *c* is true in every one of the possible situations associated with *s* in which *a* is true; and it is false in *s* if *c* is false in some possible situation associated with *s* in which *a* is true.

This gives a plausible account of $\rightarrow$. For example, it shows why *modus ponens* is valid – at least on one assumption. The assumption is that we count *s* itself as one of the possible situations associated with *s*. This seems reasonable: anything that is *actually* the case in *s* is surely *possible*. Now, suppose that *a* and $a \rightarrow c$ are true in some situation, *s*. Then *c* is true in all situations associated with *s* in which *a* is true. But *s* is one of those situations, and *a* is true in it. Hence, so is *c*, as required.

Going back to the argument with which we started, we can now see where it fails. The inference on which the argument depends is:

$$\frac{\neg(a \,\&\, \neg c)}{a \rightarrow c}$$

And this is not valid. For example, if *a* is *F* in some situation, *s*, this suffices to make the premiss true in *s*. But this tells us nothing about how *a* and *c* behave in the possible situations associated with *s*. It could well be that in one of these, say *s′*, *a* is true and *c* is not, like this:

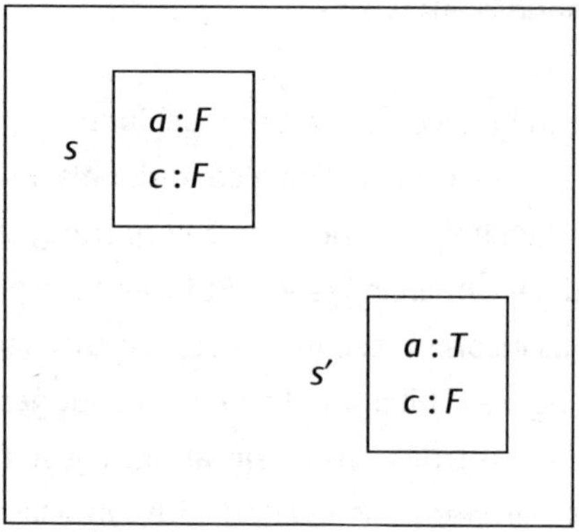

So $a \rightarrow c$ is not true at s.

What about the example we had earlier, where you are informed that you won't go to the movies without spending money. Didn't the inference seem valid in this case? Suppose you know that you won't go to the movies without spending money: $\neg(g \,\&\, \neg m)$. Are you really entitled to conclude that if you go to the movies you will spend money: $g \rightarrow m$? Not necessarily. Suppose you are not going to go to the movies, come what may, even if admission is free that night. (There is a programme on the television that is much more interesting.) Then you know that it is not true that you will go ($\neg g$), and so that it is not true that you will go *and* not spend money: $\neg(g \,\&\, \neg m)$. Are you then entitled to infer that if you go you will spend money? Certainly not: it may be a free night.

It is important to note that in the kind of situation where you learn that the premiss is true by being informed of it, other factors are usually operating. When someone tells you something like $\neg(g \,\&\, \neg m)$, they do not normally do this on the basis that they know that $\neg g$ is true. (If they knew this, there wouldn't normally be a point in telling you anything much about the situation.) If they tell you this, it is on the basis that there is some connection between g and m: that you *can't* have g true without m being true – and that is exactly what it takes for the

7. **Jumping to conclusions**

conditional to be true. So in the case where you are informed of the premiss, it would normally be reasonable to infer $g \to m$; but not from the content of what was said – rather, from the fact *that it was said*.

In fact, we often correctly make inferences of this kind without thinking. Suppose, for example that I ask someone how to get my computer to do something or other, and they reply 'There is a manual on the shelf'. I infer that it is a computer manual. This does not follow from what was actually said, but the remark would not have been relevant unless the manual was a computer manual, and people are normally relevant in what they say. Hence, I can conclude that it is a computer manual from the fact that they said what they did. The inference is not a deductive one. After all, the person could have said this, and it not be a computer manual. But the inference is still an excellent inductive inference. It is of a kind usually called *conversational implicature*.

The account of the conditional that we have just been looking at seems to fare well – at least as far as we have looked. It faces a number of problems, though. Here is one. Consider the following inferences:

> If you go to Rome you will be in Italy.
> If you are in Italy, you are in Europe.
> Hence, if you go to Rome, you will be in Europe.

> If x is greater than 10 then x is greater than 5.
> Hence, if x is greater than 10 and less than 100, then x is greater than 5.

These inferences seem perfectly valid, and so they are on the present account. We can write the first inference as:

1. $$\frac{a \rightarrow b \quad b \rightarrow c}{a \rightarrow c}$$

To see that this comes out valid, suppose the premisses are true in some situation, *s*. Then *b* is true in every possible situation associated with *s* where *a* is true; and likewise, *c* is true in every associated situation where *b* is. So *c* is true in every such situation where *a* is true. That is, $a \rightarrow c$ is true in *s*.

We can write the second inference as:

2. $$\frac{a \rightarrow c}{(a \,\&\, b) \rightarrow c}$$

To see that this comes out valid, suppose the premiss is true in some situation, *s*. Then *c* is true in every possible situation associated with *s* where *a* is true. Now, suppose *a* & *b* is true in an associated situation; then *a* is certainly true in that situation, and hence *c* is. Hence, $(a \& b) \rightarrow c$ is true in *s*.

So far so good. The problem is that there are inferences that are exactly of these forms, but which appear to be *invalid*. For example, suppose that there is an election for Prime Minister with only two candidates, Smith, the present Prime Minister, and Jones. Now consider the following inference:

> If Smith dies before the election, Jones will win. If Jones wins the election, Smith will retire and take her pension. Hence, if Smith dies before the election, she will retire and take her pension.

This is exactly an inference of the form 1. But it seems clear that there could be a situation in which both premisses are true. But not the conclusion – unless we are considering a bizarre situation in which the government can effect pension payments in the after-life!

Or consider the following inference concerning said Smith:

> If Smith jumps from the top of tall precipice, she will die from the fall. Hence, if Smith jumps from the top of a tall precipice and wears a parachute, she will die from the fall.

This is an inference of the form 2. Yet, again, it would seem clear that there could be situations where the premiss is true and the conclusion is not.

What is one to say about this state of affairs? I'll leave you to think about that. Despite the fact that conditionals are central to how we reason about most things, they are still one of the most contentious areas of logic. If birds are no longer crowing about conditionals, logicians certainly are.

Main Idea of the Chapter

- $a \rightarrow b$ is true in a situation, s, just if b is true in every situation associated with s where a is true.

Chapter 8
The Future and the Past: Is Time Real?

Time is something that we are all very familiar with. We plan to do things in the future; we remember things in the past; and sometimes we enjoy just being in the present. And part of our finding our way around in time is making inferences that concern time. For example, the two following inferences are intuitively valid:

It is raining.	It will be true that it has always been raining.
It will have been raining.	It is raining.

All this seems elementary.

But as soon as one starts to think about time, one seems to get tangled in knots. As Augustine said, if no one asks me what time is, then I know very well; but when someone asks me, I cease to know. One of the most puzzling things about time is that it seems to flow. The present seems to move: first it is today; then it is tomorrow; and so on. But how can time change? Time is what measures the rate at which *everything else* changes. This problem is at the heart of several conundrums concerning time. One such was put forward, early in the 20th century, by the British philosopher John McTaggart Ellis McTaggart. (That's right.) Like many philosophers, McTaggart was tempted by the view that time is unreal – that, in the ultimate order of things, time is an illusion.

To explain McTaggart's argument for this, it will help to have a little symbolism. Take a past-tense sentence, such as 'The sun was shining'. We can express this equivalently, if a little awkwardly, as 'It was the case that the sun is shining'. Let us write 'It was the case that' as **P** (for 'past'). Then we can write this sentence as '**P** the sun is shining', or, writing *s* for 'The sun is shining', simply **P***s*. Similarly, take any future tense sentence, say, 'The sun will be shining'. (Strictly speaking, grammarians will tell you, English has no proper future tense, unlike French or Latin. But you know what I mean.) We can write this as 'It will be the case that the sun is shining'. If we write 'It will be the case that' as **F** (for 'future'), then we can write this as **F***s*. (Don't confuse this **F** with the truth value *F*.)

P and **F** are operators, like □ and ◊, that affix to whole sentences to make whole sentences. Moreover, like □ and ◊, they are not truth functions. 'It is 4 p.m.' and 'It is 4 p.m. on August 2nd, 1999' are both true (at the instant I write); 'It *will be* 4 p.m.' is also true (at the present instant) – it is 4 p.m. once every day – though 'It *will be* 4 p.m. August 2nd, 1999' is not. Logicians call **P** and **F** *tense operators*. Tense operators can be iterated, or compounded. For example, we can say 'The sun *will have been* shining', that is, 'It will be the case that it was the case that the sun is shining': **FP***s*. Or we can say 'The sun *had been* shining', that is, 'It was the case that it was the case that the sun is shining': **PP***s*. (The modal operators that we met in the last chapter can also be iterated in this way, though we did not consider this there.) Not all iterations of tense operators have snappy English expressions. For example, there is not a much better way to express **FPF***s* than as the rather lame 'It will be the case that it was the case that the sun will be shining'. The iterations, though, make perfectly good grammatical sense. We can call iterations of **P** and **F**, like **FP**, **PP**, **FFP**, *compound tenses*.

Now, back to McTaggart. McTaggart reasoned that there would be no time if there were no past and future: these are of its essence. Yet pastness and futurity, he argued, are inherently contradictory; so nothing in reality can correspond to them. Well, maybe. But why are past and future contradictory? For a start, past and future are incompatible. If some instantaneous event is past, it is not future, and vice versa. Let *e* be some instantaneous event. It can be anything you like, but let us suppose that it is the passing of the first bullet through the heart of Czar Nicholas in the Russian Revolution. Let *h* be the sentence '*e* is occurring'. Then we have:

$\neg(\mathbf{P}h \; \& \; \mathbf{F}h)$

But *e*, like all events, is past and future. Because time flows, all events have the property of being future (before they happen) *and* the property of being past (after they happen):

$\mathbf{P}h \; \& \; \mathbf{F}h$

So we have a contradiction.

This argument isn't likely to persuade anyone for very long. An event can't be past and future *at the same time*. The instant the bullet passed through the Czar's heart was past and future *at different times*. It started off as future; became present for a painful instant; and then was past. But now – and this is the cunning part of McTaggart's argument – what are we saying here? We are applying compound tenses to *h*. We are saying that it was the case that the event was future, $\mathbf{PF}h$; then it was the case that it was past, $\mathbf{PP}h$. Now, many compound tenses, like simple tenses, are incompatible. For example, if any event *will be* future, it is not the case that it *was* past:

$\neg(\mathbf{PP}h \; \& \; \mathbf{FF}h)$

But, just as with the simple tenses, the flow of time suffices to ensure that all events have all compound tenses too. In the past, $\mathbf{F}h$; so in the distant past $\mathbf{FF}h$. In the future, $\mathbf{P}h$; so in the distant future, $\mathbf{PP}h$:

PP*h* & **FF***h*

And we are back with a contradiction.

Those who have kept their wits about them will reply, just as before, that *h* has its compound tenses at different times. It was the case that **FF***h*; then, *later on*, it was the case that **PP***h*. But what are we saying here? We are applying more complex compound tenses to *h*: **PFF***h* and **PPP***h*; and we can run exactly the same argument again with these. These compound tenses are not all consistent with each other, but the flow of time ensures that *h* possesses all of them. We may make the same reply *again*, but it, too, is open to the same counter-reply. Whenever we try to get out of the contradiction with one set of tenses, we do so only by describing things in terms of other tenses that are equally contradictory; so we never escape contradiction. That is McTaggart's argument.

What is one to say about this? To answer this, let us look at the validity of inferences concerning tenses. To account for this, we suppose that every situation, s_0, comes together with a bunch of other situations – not, this time, situations that represent possibilities associated with s_0 (as with modal operators), but situations that are either before s_0 or after s_0. Assuming, as we normally do, that time is one-dimensional and infinite in both directions, past and future, we can represent the situations in a familiar way:

$$\ldots s_{-3} \quad s_{-2} \quad s_{-1} \quad s_0 \quad s_1 \quad s_2 \quad s_3 \ldots$$

Left is earlier; right is later. As usual, each *s* provides a truth value, *T* or *F*, for every sentence without tense operators. What about sentences with tense operators? Well, **P***a* is *T* in any situation, *s*, just if *a* is true in some situation to the left of *s*; and **F***a* is true in *s* just if *a* is true in some situation to the right of *s*.

While we are doing all this, we can add two new tense operators, **G** and **H**. **G** can be read 'It is always **G**oing to be the case that', and **G***a* is true in any situation, *s*, just if *a* is true in *all* situations to the right of *s*. **H** can be read as 'It **H**as always been the case that', and **H***a* is true in any situation, *s*, just if *a* is true in all situations to the left of *s*. (**G** and **H** correspond to **F** and **P**, respectively, in just the way that □ corresponds to ◊.)

This machinery shows us why the two inferences with which we started the chapter are valid. Employing tense operators, these inferences can be written, respectively, as:

$$\frac{r}{\mathbf{FP}r} \qquad \frac{\mathbf{FH}r}{r}$$

The first inference is valid, since if *r* is true in some situation, s_0, then in any situation to the right of s_0, say s_1, **P***r* is true (since s_0 is to its left). But then, **FP***r* is true in s_0, since s_1 is to its right. We can depict things like this:

$\ldots s_{-3}$	s_{-2}	s_{-1}	s_0	s_1	s_2	$s_3 \ldots$
			r			
				$\mathbf{P}r$		
			$\mathbf{FP}r$			

The second inference is valid, since if **FH***r* is true in s_0, then in some situation to the right of s_0, say s_2, **H***r* is true. But then in all situations to the left of s_2, and so in particular s_0, *r* is true:

$\ldots s_{-3}$	s_{-2}	s_{-1}	s_0	s_1	s_2	$s_3 \ldots$
			$\mathbf{FH}r$			
					$\mathbf{H}r$	
r	r	r	r	r		

Moreover, certain combinations of tenses are impossible, as one would expect. Thus, if *h* is a sentence that is true in just one situation, say s_0, then **P***h* & **F***h* is false in every *s*. Both conjuncts are false in s_0; the first conjunct is false to the left of s_0; the second conjunct is false to the right. Similarly, e.g., **PP***h* & **FF***h* is false in every *s*. I leave you to check the details.

Now, how does all this bear on McTaggart's argument? The upshot of McTaggart's argument, recall, was that, given that *h* has every possible tense, it is never possible to avoid contradiction. Resolving contradictions in one level of complexity for compound tenses only creates them in another. The account of the tense operators that I have just given, shows this to be false. Suppose that *h* is true in just s_0. Then any statement with a compound tense concerning *h* is true *somewhere*. For example, consider **FPPF***h*. This is true in s_{-2}, as the following diagram shows:

. . . s_{-3}	s_{-2}	s_{-1}	s_0	s_1	s_2	s_3 . . .
			h			
		F*h*				
				PF*h*		
					PPF*h*	
	FPPF*h*					

Clearly, we can do the same for every compound tense composed of **F** and **P**, zigzagging left or right, as required. And all this is perfectly consistent. The infinitude of different situations allows us to assign *h* all its compound tenses in appropriate places without violating the various incompatibilities between them, e.g., by having **F***h* and **P***h* true in the same situation. McTaggart's argument, therefore, fails.

This is a happy outcome for those who wish to believe in the reality of time. But those who agree with McTaggart might yet not be persuaded by our considerations. Suppose I give you a set of specifications for constructing a house: the front door goes here; a window here . . . How do you know that all the specifications are consistent? How do you

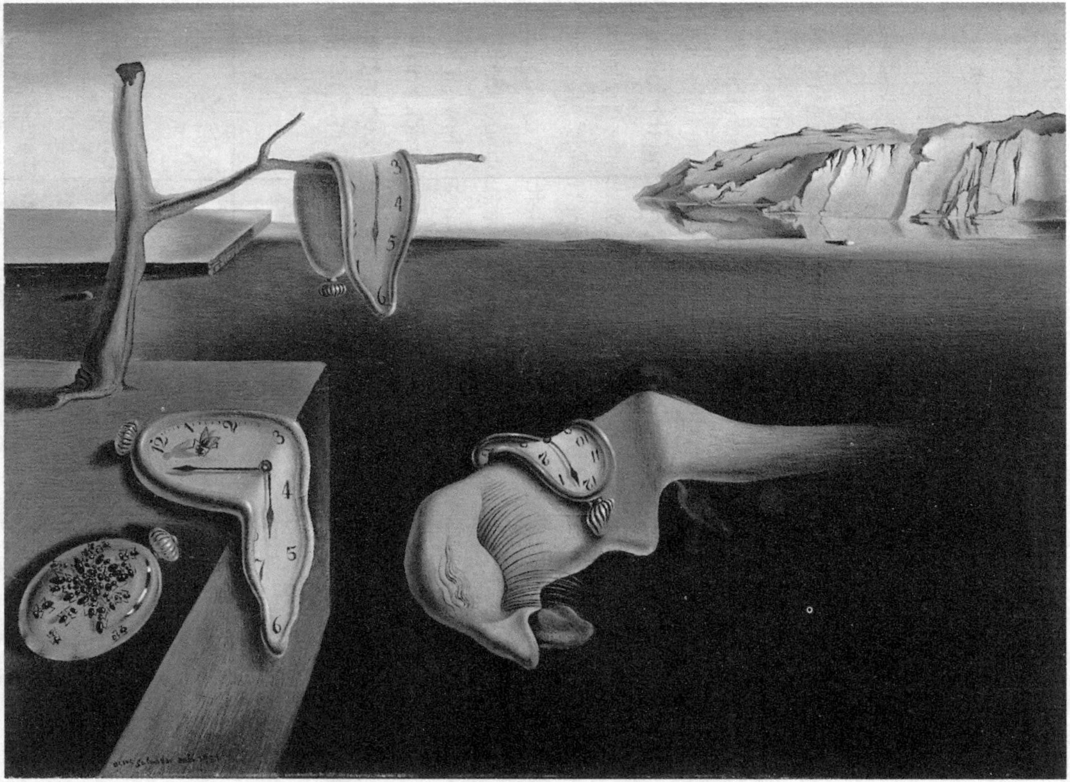

8. Space does not flow. Salvador Dali's *The Persistence of Memory*

know that, when you perform the construction, everything will work out, and that you will not be required, for example, to put the door in incompatible positions? One way to determine this is to build a scale model in accordance with all the specifications. If such a model can be built, the specifications are consistent. That is exactly what we have done with our tensed talk. The model is the sequence of situations, together with the way of assigning *T* and *F* to tensed sentences. It is a little more abstract than a model of a house, but the principle is essentially the same.

It may be possible to object to a model, though. Sometimes a model will ignore important things. For example in a scale model of a house, a beam may not collapse, because it bears a lot less stress than the corresponding beam would in a full-scale construction. The full-scale beam may be required to take an impossible load, making the full-scale building impossible – the model notwithstanding. Similarly, it may be suggested that our model of time ignores important things. After all, what we have done is give a *spatial* model of time (left, right, etc.). But space and time are quite different things. Space does not flow in the way that time does (whatever, indeed, that might mean). Now, it is exactly the flow of time that produces the supposed contradiction that McTaggart was pointing to. No wonder this does not show up in the model! Exactly what, then, is missing from the model? And once that is taken into account, does the contradiction reappear?

Main Ideas of the Chapter

- Every situation comes with an associated collection of earlier and later situations.
- **F***a* is true in a situation if *a* is true in some later situation.
- **P***a* is true in a situation if *a* is true in some earlier situation.
- **G***a* is true in a situation if *a* is true in every later situation.
- **H***a* is true in a situation if *a* is true in every earlier situation.

Chapter 9
Identity and Change: Is Anything Ever the Same?

We have not finished with time yet. Time is involved in various other conundrums, one kind of which we will look at in this chapter. This kind concerns problems that arise when things change; and specifically, the question of what is to be said about the identity of objects that change through time.

Here is an example. We all think that objects can survive through change. For example, when I paint a cupboard, although its colour may change, it is still the same cupboard. Or when you change your hair style, or if you are unfortunate enough to lose a limb, you are still *you*. But how can anything survive change? After all, when you change your hairstyle, the person that results is different, not the same at all. And if the person is different, it is a different person; so the old you has gone out of existence. In exactly the same way, it may be argued, no object persists through any change whatsoever. For any change means that the old object goes out of existence, and is replaced by a quite different object.

Arguments like this appear at various places in the history of philosophy, but it would be generally agreed by logicians, now, that they are mistaken, and rest on a simple ambiguity. We must distinguish between an object and its properties. When we say that you, with a different hairstyle, are different, we are saying that you have different properties. It does not follow that you are literally a different person, in the way that I am a different person from you.

One reason why one may fail to distinguish between being a certain object and having certain properties is that, in English, the verb 'to be' and its various grammatical forms – 'is', 'am', and so on – can be used to express both of these things. (And the same goes for similar words in other languages.) If we say 'The table is red', 'Your hair is now short', and similar things, we are attributing a property to an object. But if someone says 'I am Graham Priest', 'The person who won the race is the same person who won it last year', and so on, then they are identifying an object in a certain way. That is, they are stating its identity.

Logicians call the first use of 'is' the *'is' of predication*; they call the second use of 'is' the *'is' of identity*. And because these have somewhat different properties, they write them in different ways. The 'is' of predication we have already met in Chapter 3. 'John is red' is typically written in the form *jR*. (Actually, as I noted in Chapter 3, it is more common to write this the other way round, as *Rj*.) The 'is' of identity is written with =, familiar from school mathematics. Thus, 'John is the person who won the race' is written: $j = w$. (The name *w* is a description here; but this is of no significance in the present matter.) Sentences like this are called *identities*.

What properties does identity have? First, it is a relation. A relation is something that relates two objects. For example, *seeing* is a relation. If we say 'John sees Mary' we are stating a relation between them. The objects related by a relation do not necessarily have to be different. If we say 'John sees himself' (maybe in a mirror), we are stating a relation that John bears to John. Now, identity is a very special relation. It is a relation that every object bears to itself and to nothing else.

You might think that this would make identity a rather useless relation, but, in fact, this is not so. For example, if I say 'John is the person who won the race', I am saying that the relation of identity holds between the object referred to by 'John' and the object referred to by 'the person who won the race' – in other words, that these two names refer to one and the same person. This can be a highly significant piece of information.

The most important things about identity, though, are the inferences that it is involved in. Here is an example:

> John is the person who won the race.
> The person who won the race got a prize.
> So John got a prize.

We can write this as:

$$\frac{j = w \quad wP}{jP}$$

This inference is valid in virtue of the fact that, for any objects, x and y, if $x = y$, then x has any properties that y has, and vice versa. One and the same object either has the property in question, or it doesn't. This is usually called *Leibniz's Law*, after Leibniz, whom we met in Chapter 6. In an application of Leibniz's Law, one premiss is an identity statement, say $m = n$; the second premiss is a sentence containing one of the names that flanks the identity sign, say m; and the conclusion is obtained by substituting n for m in this.

Leibniz's Law is a very important one, and has many quite unproblematic applications. For example, high school algebra assures us that $(x + y)(x - y) = x^2 - y^2$. So if you are solving a problem, and establish that, say, $x^2 - y^2 = 3$, you can apply Leibniz's Law to infer that $(x + y)(x - y) = 3$. Its deceptive simplicity hides a multitude of problems, though. In particular, there seem to be many counter-examples to it. Consider, for example, the following inference:

9. Gottfried Wilhelm Leibniz (1646–1716), the last notable logician before the modern period

John is the person who won the race.
Mary knows that the person who won the race got a prize.
So Mary knows that John got a prize.

This looks like an application of Leibniz's Law since the conclusion is obtained by substituting 'John' for 'the person who won the race' in the second premiss. Yet it is clear that the premisses could well be true without the conclusion being true: Mary might not know that John is the person who won the race. Is this a violation of Leibniz's Law? Not necessarily. The Law says that if $x = y$ then any property of x is a property of y. Now, does the condition 'Mary knows that x got a prize' express a property of x? Not really: it would seem, rather, to express a property of Mary. If Mary were suddenly to go out of existence, this would not change x at all! (The logic of phrases such as 'knows that' is still very much *sub judice* in logic.)

Another sort of problem is as follows. Here is a road; it is a tarmac road; call it t. And here is a road; it is a dirt road; call it d. The two roads, though, are the same road, $t = d$. It is just that the tarmac runs out towards the end of the road. So Leibniz's Law tells us that t is a dirt road, and d is a tarmac road – which they are not. What has gone wrong here? We cannot say that being dirt or tarmac are not really properties of the road. They certainly are. What has gone wrong (arguably) is this: we are not being precise enough in our specification of properties. The relevant properties are *being tarmac at such and such a point*, and *being dirt at such and such a point*. Since t and d are the same road, they have both properties, and we do not have a violation of Leibniz's Law.

So far so good. These problems are relatively easy. Let's now have one that isn't. And here, time comes back into the issue. To explain what the problem is, it will be useful to employ the tense operators of the last chapter, and specifically, **G** ('it is always going to be the case that'). Let x be anything you like, a tree, a person; and consider the statement $x = x$. This says that x has the property of being identical to x – which is obviously true: it's part of the very meaning of identity. And this is so, regardless of time. It is true now, true at all times future, and true at all times past. In particular, then, $\mathbf{G}\, x = x$ is true. Now, here is an instance of Leibniz's Law:

$$\frac{x = y \quad \mathbf{G}\, x = x}{\mathbf{G}\, x = y}$$

(Don't let the fact that we have substituted y for only one of the occurrences of *x* in the second premiss throw you. Such applications of Leibniz's Law make perfectly good sense. Just consider: 'John is the person who won the race; John sees John; so John sees the person who won the race'.) What the inference shows is that if *x* is identical to *y*, and *x* has the property of being identical to *x* at all future times, so does *y*. And since the second premiss is true, as we have just noted, it follows that if two things are identical, they will always be identical.

And what of that? Simply, it doesn't always seem to be true. For example, consider an amoeba. Amoebas are single-celled water creatures that multiply by fission: an amoeba will split down the middle to become two amoebas. Now, take some amoeba, *A*, that divides to become two amoebas, *B* and *C*. Before the split, both *B* and *C* were *A*. So before the split, $B = C$. After the split, though, *B* and *C* are distinct amoebas, $\neg B = C$. So if two things are the same, it does not necessarily follow that they are always going to be the same.

We can't get out of this problem in the same way that we got out of the previous ones. The property of being identical to *x* at all future times is certainly a property of *x*. And it doesn't appear to be the case that the property is insufficiently fine-grained. There seems to be no way to make it more precise to avoid the problem.

What else can one say? A natural thought is this. Before the split, *B* wasn't *A*: it was only *part of A*. But *B* is an amoeba, and *A* is a single-celled creature: it has no parts that are amoebas. So *B* can't be part of *A*.

More radically, one might suggest that *B* and *C* did not really exist before the split, that they came into existence then. If they did not exist before the split, then they were not *A* before the split. So it's not the case that $B = C$ before the split. But that seems wrong too. *B* is not a new amoeba; it is simply *A*, though some of its properties have changed. If this is not clear, just imagine that *C* were to die at the split. In this case, we would have no hesitation in saying that *B* is *A*. (It would just be like a snake shedding its skin.) Now, the identity of something can't be affected by whether there are *other* things around. So *A* is *B*. Likewise, *A* is *C*.

Of course, one might insist that just because *A* takes on new properties, it is, strictly speaking, a new object; not merely an old object with new properties. So *B* is not really *A*. Likewise *C*. But now we are back with the problem with which we started the chapter.

Main Ideas of the Chapter

- **$m = n$ is true just if the names m and n refer to the same object.**
- **If two objects are the same, any property of one is a property of the other (Leibniz's Law).**

Chapter 10

Vagueness: How do you Stop Sliding down a Slippery Slope?

While we are on the subject of identity, here is another problem about it. Everything wears out in time. Sometimes, parts get replaced. Motor bikes and cars get new clutches; houses get new roofs; and even the individual cells in people's bodies are replaced over time. Changes like this do not affect the identity of the object in question. When I replace the clutch on my bike, it remains the same bike. Now suppose that over a period of a few years, I replace every part of the bike, Black Thunder. Being a careful fellow, I keep all the old parts. When everything has been replaced, I put all the old parts back together to recreate the original bike. But I started off with Black Thunder; and changing one part on a bike does not affect its identity: it is still the same bike. So at each replacement, the machine is still Black Thunder; until, at the end, it is – Black Thunder. But we know that that can't be right. Black Thunder now stands next to it in the garage.

Here is another example of the same problem. A person who is 5 years old is a (biological) child. If someone is a child, they are still a child one second later. In which case, they are still a child one second after that, and one second after that, and one second after that, . . . So after 630,720,000 seconds, they are still a child. But then they are 25 years old!

10. A bike-rider's dilemma

Arguments like this are reputed to have been invented by Eubulides, the same Eubulides who invented the liar paradox of Chapter 5. They are now called *sorites paradoxes*. (A standard form of the argument is to the effect that by adding one grain of sand at a time, one can never form a heap; 'sorites' comes from 'soros', the Greek for *heap*.) These are some of the most annoying paradoxes in logic. They arise when the predicate employed ('is Black Thunder', 'is a child') is *vague*, in a certain sense; that is, when its applicability is tolerant with respect to very small changes: if it applies to an object, then a very small change in the object will not alter this fact. Virtually all of the predicates that we employ in normal discourse are vague in this sense: 'is red', 'is awake', 'is happy', 'is drunk' – even 'is dead' (dying takes time). Thus, slippery slope arguments of the sorites kind are potentially endemic in our reasoning.

To focus the issue concerning them, let us look at one of these arguments in more detail. Let Jack be the five year old child. Let a_0 be the sentence 'Jack is a child after 0 seconds'. Let a_1 be the sentence 'Jack is a child after 1 second', and so on. If n is any number, a_n is the sentence 'Jack is a child after n seconds'. Let k be some enormous number, at least as great as 630,720,000. We know that a_0 is true. (After 0 seconds have elapsed, Jack is still 5.) And for each number, n, we know that $a_n \rightarrow a_{n+1}$. (If Jack is a child at any time, he is a child one second later.) We can chain all these premisses together by a sequence of *modus ponens* inferences, like this:

$$\dfrac{\dfrac{a_0 \qquad a_0 \rightarrow a_1}{a_1} \qquad a_1 \rightarrow a_2}{a_2}$$

$$\vdots$$

$$\dfrac{a_{k-1} \qquad a_{k-1} \rightarrow a_k}{a_k}$$

The final conclusion is a_k, which we know not to be true. Something has gone wrong, and there doesn't seem much scope to manoeuvre.

So what are we to say? Here is one answer, which is sometimes called *fuzzy logic*. Being a child seems to fade out, gradually, just as being a (biological) adult seems to fade in gradually. It seems natural to suppose that the truth value of 'Jack is a child' also fades from true to false. Truth, then, comes by degrees. Suppose we measure these degrees by numbers between 1 and 0, 1 being complete truth, 0 complete falsity. Every situation, then, assigns each basic sentence such a number.

What about sentences containing operators like negation and conjunction? As Jack gets older, the truth value of 'Jack is a child' goes down. The truth value of 'Jack is not a child' would seem to go up correspondingly. This suggests that the truth value of $\neg a$ is 1 minus the truth value of a. Suppose we write the truth value of a as $|a|$; then we have:

$$|\neg a| = 1 - |a|$$

Here is a table of some sample values:

a	$\neg a$
1	0
0.75	0.25
0.5	0.5
0.25	0.75
0	1

What about the truth value of conjunctions? A conjunction can only be as good as its worst bit. So it's natural to suppose that the truth value of $a \& b$ is the *minimum* (lesser) of $|a|$ and $|b|$:

$$|a \& b| = Min(|a|, |b|)$$

Here is a table of some sample values. Values of *a* are down the left hand column; values of *b* are along the top row. The corresponding values of *a* & *b* are where the appropriate row and column meet. For example, if we want to find $|a \& b|$, where $|a| = 0.25$ and $|b| = 0.5$, we see where the italicized row and column meet. The result is in boldface.

a & *b*	1	0.75	*0.5*	0.25	0
1	1	0.75	0.5	0.25	0
0.75	0.75	0.75	0.5	0.25	0
0.5	0.5	0.5	0.5	0.25	0
0.25	0.25	0.25	**0.25**	0.25	0
0	0	0	0	0	0

Similarly, the value of a disjunction is the *maximum* (greater) of the values of the disjuncts:

$$|a \vee b| = Max(|a|, |b|)$$

I leave it to you to construct a table of some sample values. Notice that, according to the above, $\neg$, &, and $\vee$ are still truth functions. That is, for example, the truth value of *a* & *b* is determined by the truth values of *a* and *b*. It is just that those values are now numbers between 0 and 1, instead of *T* and *F*. (It is perhaps worth noting, though, that if we think of 1 as *T*, and 0 as *F*, the results where only 1 and 0 are involved are the same as for the truth functions of Chapter 2, as you can check for yourself.)

What of conditionals? We saw in Chapter 7 that there are good reasons to suppose that $\rightarrow$ is not a truth function, but let us set those worries aside for the present. If it is a truth function, which one is it, now that we have to take into account degrees of truth? No answer seems terribly obvious. Here is one (fairly standard) suggestion, which at least seems to give the right *sorts* of results.

If $|a| \leq |b|$: $|a \rightarrow b| = 1$
If $|b| < |a|$: $|a \rightarrow b| = 1 - (|a| - |b|)$

(< means 'is less than'; ≤ means 'is less than or equal to'.) Thus, if the antecedent is less true than the consequent, the conditional is completely true. If the antecedent is more true than the consequent, then the conditional is less than the maximal truth by the difference between their values. Here is a table of some sample values. (Recall that the values of *a* are down the left-hand column and those of *b* are along the top row.)

$a \rightarrow b$	1	0.75	0.5	0.25	0
1	1	0.75	0.5	0.25	0
0.75	1	1	0.75	0.5	0.25
0.5	1	1	1	0.75	0.5
0.25	1	1	1	1	0.75
0	1	1	1	1	1

What of validity? An inference is valid if the conclusion holds in every situation where the premisses hold. But what is it now for something to hold in a situation? When it is true enough. But how true is true enough? That will just depend on the context. For example, 'is a new bike' is a vague predicate. If you go to a bike dealer who tells you that a certain bike is new, you expect it never to have been used before. That is, you expect 'This is a new bike' to have value 1. Suppose, on the other hand, that you go to a bike rally, and are asked to pick out the new bikes. You will pick out the bikes that are less than a year or so old. In other words, your criterion for what is acceptable as a new bike is more lax. 'This is a new bike' need have value only, say, 0.9 or greater.

So we suppose that there is some level of acceptability, fixed by the context. This will be a number somewhere between 0 and 1 – maybe 1 itself in extreme cases. Let us write this number as ε. Then an inference is valid for that context just if the conclusion has a value at least as great as ε in every situation where the premisses all have values at least as great as ε.

Now, how does all this bear on the sorites paradox? Suppose we have a sorites sequence. As above, let a_n be the sentence 'Jack is a child after n seconds'; but to keep things manageable, let us suppose that Jack grows up in four seconds! Then a record of truth values might be:

a_0	a_1	a_2	a_3	a_4
1	0.75	0.5	0.25	0

$a_0 \to a_1$ has value 0.75 (= (1– (1 – 0.75)); so does $a_1 \to a_2$; in fact, every conditional of the form $a_n \to a_{n+1}$ has the value 0.75.

What this tells us about the sorites paradox depends on the level of acceptability, ε, that is in force here. Suppose the context is one that imposes the highest level of acceptability; ε is 1. In this case, *modus ponens* is valid. For suppose that $|a| = 1$ and $|a \to b| = 1$. Since $|a \to b| = 1$, we must have $|a| \leq |b|$. It follows that $|b| = 1$. Thus the sorites argument is valid. In this case, though, each conditional premiss, having value 0.75, is unacceptable.

If, on the other hand, we set the level of acceptability lower than 1, then *modus ponens* turns out to be invalid. Suppose, for the sake of illustration, that ε is 0.75. As we have already seen, a_1 and $a_1 \to a_2$ both have value 0.75, but a_2 has value 0.5, which is less than 0.75.

Either way you look at it, then, the argument fails. Either some of the premisses aren't acceptable; or, if they are, the conclusions don't follow validly. Why are we taken in by sorites arguments so easily? Maybe because we confuse complete truth with near-complete truth. A failure to draw the distinction doesn't make much difference normally. But if you do it again, and again, and again, . . . it does.

That's one diagnosis of the problem. But with vagueness, nothing is straightforward. What was the problem about saying that 'Jack is a child' is simply true, until a particular point in time, when it becomes simply false? Just that there seems to be no such point. Any place one chooses to draw the line is completely arbitrary; it can be, at best, a matter of convention. But now, at what point in Jack's growing up does he cease to be 100% a child; that is, at what point does 'Jack is a child' change from having the value of exactly 1, to a value below 1? Any place one chooses to draw this line would seem to be just as arbitrary as before. (This is sometimes called the problem of *higher-order vagueness*.) If that is right, we haven't really solved the most fundamental problem about vagueness: we have just relocated it.

Main Ideas of the Chapter

- Truth values are numbers between 0 and 1 (inclusive).
- $|\neg a| = 1 - |a|$
- $|a \vee b| = Max(|a|, |b|)$
- $|a \& b| = Min(|a|, |b|)$
- $|a \rightarrow b| = 1$ if $|a| \leq |b|$;
  $|a \rightarrow b| = 1 - (|a| - |b|)$ otherwise.
- A sentence is true in a situation just if its truth value is at least as great as the (contextually determined) level of acceptability.

Chapter 11
Probability: The Strange Case of the Missing Reference Class

The preceding chapters have given us at least some feel for which inferences are deductively valid, and why. It's now time to come back to the question of inductive validity: that is, the validity of those inferences where the premisses give some ground for the conclusion; yet where, even if the premisses are true in some situation, the conclusion could still turn out to be false.

As I noted in Chapter 1, Sherlock Holmes was very good at this kind of inference. Let us start with an example from him. The mystery of *The Red-Headed League* commences when Holmes and Dr. Watson receive a visit from a certain Mr. Jabez Wilson. When Wilson enters, Watson looks to see what Holmes has inferred about him:

> 'Beyond the obvious fact that he has at some time done manual labour, that he takes snuff, that he is a Freemason, that he has been in China, and that he has done a considerable amount of writing lately, I can deduce nothing else.'
>
> Mr. Jabez Wilson started up in his chair with his forefinger upon the paper, but his eyes upon my companion.
>
> 'How, in the name of good fortune, did you know all that, Mr. Holmes?' he asked.

11. **Holmes displays his logical prowess**

Holmes is pleased to explain. For example, concerning the writing:

> 'What else can be indicated by that right cuff so very shiny for five inches, and the left one with the smooth patch near the elbow where you rest it upon the desk.'

Despite the fact that Holmes is wont to call this kind of inference a deduction, the inference is, in fact, an inductive one. It is entirely possible that Wilson's coat should have shown these patterns without his having done much writing. He could, for example, have stolen it from someone who had. None the less, the inference is clearly a pretty good one. What makes it, and inferences like it, good? One plausible answer is in terms of probability. So let's talk about this, and then we can return to the question.

A probability is a number assigned to a sentence, which measures how likely it is, in some sense, that the sentence is true. Let us write *pr*(*a*) for the probability of a. Conventionally, we measure probabilities on a scale between 0 and 1. If $pr(a) = 0$, a is certainly false; then as $pr(a)$ increases, it gets more likely that a is true; until when $pr(a) = 1$, a is certainly true.

What else can one say about these numbers? Let me illustrate with a simple example. Suppose we consider the days of any one particular week. Let w be a sentence that is either true or false every day – say, 'It is warm' – and let r be another – say, 'It is raining'. Let the relevant information be given by the following table:

	Mon	Tue	Wed	Thu	Fri	Sat	Sun
w			✓	✓		✓	✓
r		✓	✓			✓	

A tick indicates that the sentence is true that day; a blank that it is not.

Now, if we are talking about this particular week, what is the probability that on any day, chosen at random, it was warm? There were four warm days, and seven days in total. So the probability is 4/7. Similarly, there were three days where it rained, so the probability that it rained is 3/7:

$$pr(w) = 4/7$$

$$pr(r) = 3/7$$

In general, if we write $\#a$ to mean the number of days at which the sentence a is true, and N for the total number of days:

$$pr(a) = \#a/N$$

How does probability relate to negation, conjunction and disjunction? Negation first. What is the probability of $\neg w$? Well, there were three days on which it was not warm, so $pr(\neg w) = 3/7$. Notice that $pr(w)$ and $pr(\neg w)$ add up to 1. This is no accident. We have:

$$\#w + \#\neg w = N$$

Dividing both sides by N, we get:

$$\frac{\#w}{N} + \frac{\#\neg w}{N} = 1$$

That is, $pr(w) + pr(\neg w) = 1$.

For conjunction and disjunction: there are two days on which it was both warm and rainy, so $pr(w \,\&\, r) = \#(w \,\&\, r)/N = 2/7$. And there are five days on which it was either warm or rainy, so $pr(w \vee r) = \#(w \vee r)/N = 5/7$. What is the relation between these two numbers? To find the number of days when $w \vee r$ is true, we can start by adding up the days when w is true, then add the number of days where r is true. This won't quite do, since some days will have been counted twice: Wednesday and Saturday. These are the days when it was both rainy and warm. So to get the correct figure, we have to subtract the number of days when it was both:

$$\#(w \vee r) = \#w + \#r - \#(w \,\&\, r)$$

Dividing both sides by N, we get:

$$\frac{\#(w \vee r)}{N} = \frac{\#w}{N} + \frac{\#r}{N} - \frac{\#(w \,\&\, r)}{N}$$

That is:

$$pr(w \vee r) = pr(w) + pr(r) - pr(w \,\&\, r)$$

This is the general relationship between probabilities of conjunctions and of disjunctions.

In the last chapter, we saw that degrees of truth can also be measured by numbers between 0 and 1, and it might be natural to suppose that degrees of truth and probabilities are the same. They are not. In particular, conjunction and disjunction work quite differently. For degrees of truth, disjunction is a truth function. Specifically, $|w \vee r|$ is the maximum of $|w|$ and $|r|$. But $pr(w \vee r)$ is not determined by $pr(w)$ and $pr(r)$ alone, as we have just seen. In particular, for our w and r, $pr(w) = 4/7$, $pr(r) = 3/7$, and $pr(w \vee r) = 5/7$. But if $|w| = 4/7$ and $|r| = 3/7$, $|w \vee r| = 4/7$, not $5/7$.

Before we can get back to inductive inferences, there is one more bit of information about probability that we need. Given our sample week, the probability that it was raining on some day, chosen at random, is 3/7. But suppose you know that the day in question was a warm one. What is the probability now that it rained? Well, there were four warm days, but only two of those were rainy, so the probability is 2/4. This figure is called a *conditional probability*, and written like this: $pr(r|w)$, the probability of r given w. If we think about it a little, we can give a general formula for calculating conditional probabilities. How did we arrive at the figure 2/4? First, we restricted ourselves to those days when w is true; then we divided this into the number of those days when r is true, that is, the number of days when both w and r are true. In other words:

$$pr(r|w) = \#(w \& r) \div \#w$$

A little algebra tells us that this is equal to:

$$\frac{\#(w \& r)}{N} \div \frac{\#w}{N}$$

And this is $pr(w \& r) \div pr(w)$.

So here is our general formula for conditional probability:

CP: $pr(w|r) = pr(w \,\&\, r)/pr(w)$

A modicum of care is required in applying this formula. Dividing by the number 0 makes no sense. 3/0, for example, has no value. Mathematicians call this ratio *undefined*. In the formula for $pr(w|r)$, we have divided by $pr(w)$, which makes sense only if this is not zero, that is, only if w is true at least sometimes. Otherwise, the conditional probability is undefined.

Now, at last, we can come back to inductive inferences. What is it for an inference to be inductively valid? Simply that the premisses make the conclusion more probable than not. That is, the conditional probability of c, the conclusion, given p, the premiss (or the conjunction of the premisses if there are more than one) is greater than that of the negation of c:

$$pr(c|p) > pr(\neg c|p)$$

Thus, if we are reasoning about the week of our illustration, the inference:

It was a rainy day; so it was a warm day;

is inductively valid. As is easy to check, $pr(w|r) = 2/3$, and $pr(\neg w|r) = 1/3$.

The analysis can be applied to show why the inference of Holmes with which we started is valid. Holmes concluded that Jabez Wilson had been doing a lot of writing (c). His premiss was to the effect that there were certain marks of wear on Wilson's jacket (p). Now, had we gone around the London of Holmes's day, and collected all those people with worn cuffs of the kind in question, then the majority of those would have been clerks, people who spent their working lives writing – or so we may suppose. Thus, the probability that Jabez had been doing a lot of writing, given that his coat bore those marks, is greater than the probability that he had not. Holmes's inference is indeed inductively valid.

Let me finish by noting one puzzle to which the machinery we have just deployed gives rise. As we have seen, a probability can be calculated as a ratio: we take a certain *reference class*; then we calculate the numbers of various groups within it; then we do some dividing. But which reference class do we use? In the illustrative example concerning the weather, I started by specifying the reference class in question: the days of that particular week. But real-life problems are not posed in this way.

Come back to Jabez Wilson. To work out the probabilities relevant in this case, I suggested that we take the reference class to comprise the people living in London in Holmes's day. But why this? Why not the people living in the whole of England then, or in Europe, or just the males in London, or just the people who could afford to come and see Holmes? Maybe, in some of these cases, it wouldn't make much difference. But certainly in others it would. For example, the people who came to see Holmes were all relatively well off, and not likely to wear second-hand coats. Things would be quite different with a wider population. So what should the appropriate reference class have been? This is the sort of question that keeps actuaries (the people who try to figure out risk-factors for insurance companies) awake at night.

In the last analysis, the most accurate reference class would seem to be the one comprising just Wilson himself. After all, what do facts about *other* people ultimately have to do with him? But in that case, he had either been doing a lot of writing, or he had not. In the first case, the probability that he has been writing given that he has a shiny cuff, is 1, and the inference is valid; in the second, it is 0, and the inference is not valid. In other words, the validity of the inference depends entirely on the truth of the conclusion. So you can't employ the inference in order to *determine* whether or not the conclusion is true. If we go this far, the notion of validity delivered is entirely useless.

Main Ideas of the Chapter

- **The probability of a statement is the number of cases in which it is true, divided by the number of cases in the reference class.**
- $pr(\neg a) = 1 - pr(a)$
- $pr(a \vee b) = pr(a) + pr(b) - pr(a \,\&\, b)$
- $pr(a \mid b) = pr(a \,\&\, b) \,/\, pr(b)$
- **An inference is inductively valid just if the conditional probability of the conclusion given the (conjunction of the) premiss(es) is greater than that of its negation given the premisses.**

Chapter 12
Inverse Probability: You can't be Indifferent About it!

The previous chapter gave us a basic understanding of probability and the role it may have in inductive inferences. In this chapter, we'll look at some further aspects of this. Let's start by considering a very famous inductive inference.

The physical cosmos is not a purely random mess. It shows very distinctive patterns: matter is structured into galaxies, which are structured, in turn, into stars and planetary systems, and on some of those planetary systems, matter is structured in such a way as to produce living creatures like you and me. What is the explanation for this? You might say that the explanation is provided by the laws of physics and biology. And so it may be. But why are the laws of physics and biology the way they are? After all, they could have been quite different. For example, gravity could have been a force of *repulsion*, not attraction. In that case, there would never have been stable chunks of matter, and life as we know it would have been impossible anywhere in the cosmos. Does this not give us excellent reason to believe in the existence of a creator of the cosmos: an intelligent being who brought into existence the cosmos, together with its physical and biological laws, for some purpose or other? In short, does not the fact that the physical cosmos is ordered in the way that it is give us reason to believe in the existence of a god of a certain kind?

12. Matter has a distinctive structure. A whirlpool galaxy

This argument is often called the 'Argument from Design' (for the existence of god). It might better be called the Argument *to* Design; but never mind that. Let us think about it more closely. The premiss of the argument, *o*, is a statement to the effect that the cosmos is ordered in a certain way. The conclusion, *g*, asserts the existence of a creator-god. Unless *g* were true, *o* would be most unlikely; so, the argument goes, given that *o*, *g* is likely.

Now, it is certainly true that the conditional probability of *o* given that *g* is true, is much higher than that of *o* given that *g* is false:

1. $pr(o|g) > pr(o|\neg g)$

But this does not give us what we want. For *o* to be a good inductive reason for g, we need the probability of g, given o, to be greater than that of its negation:

2. $pr(g|o) > pr(\neg g|o)$

And the fact that $pr(o|g)$ is high does not necessarily mean that $pr(g|o)$ is high. For example, the probability that you are in Australia, given that you see a kangaroo in the wild, is very high. (Everywhere else, it would have to have escaped from a zoo.) But the probability that you will see a kangaroo in the wild, given that you are in Australia, is very low. (I lived in Australia for about 10 years before I saw one.)

$pr(o|g)$ and $pr(g|o)$ are called *inverse probabilities*, and what we have seen is that for the design argument to work, the relationship between them must be such as to get us from 1 to 2. Is it? There is, in fact, a very simple relationship between inverse probabilities. Recall from the equation **CP** of the last chapter that, by definition:

$$pr(a|b) = pr(a \,\&\, b)/pr(b)$$

So:

3. $pr(a|b) \times pr(b) = pr(a \,\&\, b)$

Similarly:

$$pr(b|a) = pr(b \,\&\, a)/pr(a)$$

So:

4. $pr(b|a) \times pr(a) = pr(b \,\&\, a)$.

But $pr(a \,\&\, b) = pr(b \,\&\, a)$ (since a & b and b & a are true in exactly the same situations). Thus, 3 and 4 give us:

$$pr(a|b) \times pr(b) = pr(b|a) \times pr(a)$$

Assuming that $pr(b)$ is not 0 – I shall make assumptions of this kind without further mention – we can rearrange this equation to get:

Inv: $pr(a|b) = pr(b|a) \times pr(a)/pr(b)$

This is the relationship between inverse probabilities. (To remember this, it may help to note that on the right hand side, it's first a *b* followed by an *a*, and then an *a* followed by a *b*.)

Using **Inv** to rewrite the inverse probabilities in 1, we get:

$$pr(g|o) \times \frac{pr(o)}{pr(g)} > pr(\neg g|o) \times \frac{pr(o)}{pr(\neg g)}$$

And cancelling the $pr(o)$ on both sides gives:

$$\frac{pr(g|o)}{pr(g)} > \frac{pr(\neg g|o)}{pr(\neg g)}$$

Or, rearranging the equation:

5. $$\frac{pr(g|o)}{pr(\neg g|o)} > \frac{pr(g)}{pr(\neg g)}$$

Recall that for the Argument to Design to work, we have to get to 2, which is equivalent to:

$$\frac{pr(g|o)}{pr(\neg g|o)} > 1$$

It would appear that the only plausible thing that will take us to this from 5 is $\frac{pr(g)}{pr(\neg g)} \geq 1$, that is:

$$pr(g) \geq pr(\neg g)$$

The values $pr(g)$ and $pr(\neg g)$ are called *prior probabilities*; that is, the probabilities of g and $\neg g$ prior to the application of any evidence, such as o. Hence, what we seem to need to make the Argument go through is that the prior probability that there is a creator-god is greater than (or equal to) the prior probability that there is not.

Is it? Unfortunately, there is no reason to believe so. In fact, it would seem that it is the other way around. Suppose you don't know what day of the week it is. Let m be the hypothesis that it is Monday. Then $\neg m$ is the hypothesis that it is not Monday. Which is more likely, m or $\neg m$? Surely, $\neg m$: because there are lots more ways for it not to be Monday than there are for it to be Monday. (It could be Tuesday, Wednesday, Thursday . . .) Similarly with god. Conceivably, there are many different ways that the cosmos could have been. And intuitively, relatively few of those are significantly ordered: order is something *special*. That, after all, is what gives the Argument to Design its bite. But then there are relatively few possible cosmoses in which there is an *orderer*. So *a priori*, it is much more likely that there is no creator than that there is.

What we see, then, is that the Argument to Design fails. It is seductive because people often confuse probabilities with their inverses, and so slide over a crucial part of the argument.

Many inductive arguments require us to reason about inverse probabilities. The Argument to Design is not special in this regard. But many arguments are more successful in doing this. Let me illustrate. Suppose you visit the local casino. They have two roulette wheels. Call them *A* and *B*. You have been told by a friend that one of them is fixed – though the friend couldn't tell you which one. Instead of coming up red half of the time, and black half of the time, as a fair wheel should, it comes up red 3/4 of the time, and black 1/4 of the time. (Strictly speaking, real roulette wheels come up green occasionally as well; but let's ignore this fact to keep things simple.) Now, suppose you watch one of the wheels, say wheel *A*, and on five successive spins it comes up with the results:

R, R, R, R, B

(R is red, B is black). Are you justified in inferring that this is the wheel that is fixed? In other words, let *c* be a statement to the effect that this particular sequence came up, and *f* be the statement that wheel *A* is fixed. Is the inference from *c* to *f* a good inductive inference?

We need to know whether $pr(f|c) > pr(\neg f|c)$. Using the equation **Inv** to convert this into a relationship between inverse probabilities, what this means is that:

$$pr(c|f) \times \frac{pr(f)}{pr(c)} > pr(c|\neg f) \times \frac{pr(\neg f)}{pr(c)}$$

Multiplying both sides by *pr*(*c*) gives:

$$pr(c|f) \times pr(f) > pr(c|\neg f) \times pr(\neg f)$$

Is this true? For a start, what are the prior probabilities of *f* and $\neg f$? We know that either *A* or *B* is fixed (but not both). We have no more reason to believe that it is wheel *A*, rather than wheel *B*, or vice versa. So the probability that it is wheel *A* is 1/2, and the probability that it is wheel *B* is also 1/2. In other words, $pr(f) = 1/2$, and $pr(\neg f) = 1/2$. So we can cancel these out so that the relevant condition becomes:

$$pr(c|f) > pr(c|\neg f)$$

The probability of observing the sequence stated by *c*, given that the wheel is fixed in the way described, $pr(c|f)$, is $(3/4)^4 \times (1/4)$. (Never mind if you don't know why: you can take my word for it.) This is $81/4^5$, which works out to 0.079. The probability that the sequence is observed, given that the wheel is not fixed, and so fair, $pr(c|\neg f)$, is $(\frac{1}{2})^5$ (again, take my word for this if you wish), which works out to 0.031. This is less than 0.079. So the inference is valid.

The way that we worked out prior probabilities here is worth noting. We have two possibilities: either wheel *A* is fixed, or wheel *B* is. And we have no information that distinguishes between these two possibilities. So we assign them the same probability. This is an application of something called the *Principle of Indifference*. The Principle tells us that when we have a number of possibilities, with no relevant difference between any of them, they all have the same probability. Thus, if there are *N* possibilities in all, each has probability $1/N$. The Principle of Indifference is a sort of *symmetry* principle.

Notice that we could not apply the Principle in the Argument to Design. In the roulette case, there are two possible situations which are completely symmetric: wheel *A* is fixed; wheel *B* is fixed. In the Argument to Design, there are two situations: a creator-god exists; a creator-god does not exist. But these two situations are no more symmetric than: today is Monday; today is not Monday. As we saw, intuitively, there are lots more possibilities in which there is no creator than possibilities in which there is.

The Principle of Indifference is an important part of intuitive reasoning about probability. Let us end this chapter by noting that it is not without its problems. It is well known that it leads to paradoxes in certain applications. Here is one.

Suppose a car leaves Brisbane at noon, travelling to a town 300km away. The car averages a constant velocity somewhere between 50km/h and 100km/h. What can we say about the probability of the time of its arrival? Well, if it is going at 100km/h it will arrive at 3 p.m.; and if it is going at 50km/h, it will arrive at 6 p.m. Hence, it will arrive between these two times. The mid-point between these times is 4.30 p.m. So by the Principle of Indifference, the car is as likely to arrive before 4.30 p.m. as after it. But now, half way between 50km/h and 100km/h is 75km/h. So again by the Principle of Indifference, the car is as likely to be travelling over 75km/h as under 75 km/h. If it is travelling at 75 km/h, it will arrive at 4 p.m. So it is as likely to arrive before 4 p.m. as after it. In particular, then, it is *more* likely to arrive before 4.30 p.m. than after it. (That gives it an *extra* half an hour.)

I'll leave you to think about this. We have had quite enough about probability for one chapter!

Main Ideas of the Chapter

- $pr(a|b) = pr(b|a) \times \dfrac{pr(a)}{pr(b)}$
- **Given a number of possibilities, with no relevant difference between them, they all have the same probability (Principle of Indifference).**

Chapter 13
Decision Theory: Great Expectations

Let us look at one final issue concerning inductive reasoning. This topic is sometimes called *practical reasoning*, since it is reasoning about how one should act. Here is a famous piece of practical reasoning.

You can choose to believe in the existence of (a Christian) God; you can choose not to. Let us suppose that you choose to believe. Either God exists or God does not. If God exists, all well and good. If not, then your belief is a minor inconvenience: it means that you will have wasted a bit of time in church, and maybe done a few other things that you would not otherwise have wanted to do; but none of this is disastrous. Now suppose, on the other hand, that you choose not to believe in the existence of God. Again, either God exists or not. If God does not exist, all well and good. But if God *does* exist, boy are you in trouble! You are in for a lot of suffering in the afterlife; maybe for all eternity if a bit of mercy isn't thrown in. So any wise person ought to believe in the existence of God. It's the only prudent course of action.

The argument is now usually called *Pascal's Wager*, after the 17th-century philosopher Blaise Pascal, who first put it forward. What is one to say about the Wager?

Let us think a little about how this kind of reasoning works, starting with a slightly less contentious example. When we perform actions, we often cannot be sure of the results, which may not be entirely under our control. But we can usually estimate how likely the various possible results are; and, just as importantly, we can estimate the *value* to ourselves of the various results. Conventionally, we can measure the value of an outcome by assigning it a number on the following scale, open ended in both directions:

$$\ldots, -4, -3, -2, -1, 0, +1, +2, +3, +4, \ldots$$

Positive numbers are good, and the further to the right, the better. Negative numbers are bad, and the further to the left, the worse. 0 is a point of indifference: we don't care either way.

Now, suppose there is some action we may perform, say going for a bike ride. It may, however, rain. A bike ride when it is not raining is great fun, so we would value that at, say, +10. But a bike ride when it is raining can be pretty miserable, so we would value that at, say, −5. What value should be put on the only thing that is under our control: going on the ride? We could just add the two figures, −5 and 10, together, but that would be missing an important part of the picture. It may be that it is most unlikely to rain, so although the possibility of rain is bad, we do not want to give it too much weight. Suppose the probability of rain is, say, 0.1; correspondingly, the probability of no rain is 0.9. Then we can weight the values with the appropriate probabilities to arrive at an overall value:

$$0.1 \times (-5) + 0.9 \times 10$$

This is equal to 8.5, and is called the *expectation* of the action in question, going for a ride. ('Expectation', here, is a technical term; it has virtually nothing to do with the meaning of the word as used normally in English.)

In general, let *a* be the statement that we perform some action or other.

Suppose, for simplicity, that there are two possible outcomes; let o_1 state that one of these occurs, and let o_2 state that the other occurs. Finally, let $V(o)$ be the value we attach to o being true. Then the expectation of a, $E(a)$, is the number defined by:

$$pr(o_1) \times V(o_1) + pr(o_2) \times V(o_2)$$

(Strictly speaking, the probabilities in question should be conditional probabilities, $pr(o_1 \mid a)$ and $pr(o_2 \mid a)$, respectively. But in the example, going for a ride has no effect on the probability of rain. The same is true in all the other examples we will look at. So we can stick with the simple prior probabilities here.)

So far so good. But how does this help me to decide whether or not to go for the bike ride? I know the overall value of my going for a ride. Its expectation is 8.5, as we have just seen. What is the expectation of not going for a ride? Again, either it will rain or it will not – with the same probabilities. The two outcomes now are (i) that it will rain and I stay at home; and (ii) that it will not rain and I stay at home. In each of these cases, I derive no pleasure from a bike ride. It might be slightly worse if it doesn't rain. In that case I might be annoyed that I didn't go. But in neither case is it as bad as getting soaked. So the values might be 0 if it rains, and -1 if it does not. I can now calculate the expectation of staying at home:

$$0.1 \times 0 + 0.9 \times (-1)$$

This comes to -0.9, and gives me the information I need; for I should choose that action which has the highest overall value, that is, expectation. In this case, going has expectation 8.5, whilst staying at home has value -0.9. So I should go for a ride.

Thus, given a choice between a and $\neg a$, I should choose whichever has the greater expectation. (If they are the same, I can simply choose at random, say by tossing a coin.) In the previous case, there are only two possibilities. In general, there might be more (say, going for a ride, going to the movies, and staying at home). The principle is the same, though: I calculate the expectation of each possibility, and choose whichever has the greatest expectation. This sort of reasoning is a simple example from the branch of logic called *decision theory*.

Now let's come back to Pascal's Wager. In this case, there are two possible actions: believing or not; and there are two relevant possibilities: God exists or does not. We can represent the relevant information in the form of the following table.

	God exists	God doesn't exist
I believe (b)	$0.1\backslash +10^2$	$0.9\backslash -10$
I don't believe ($\neg b$)	$0.1\backslash -10^6$	$0.9\backslash +10^2$

The figures to the left of the backward slashes are the relevant probabilities, 0.1 that God exists, say, and 0.9 that God doesn't exist. (Whether or not I believe has no effect on whether or not God exists, so the probabilities are the same in both rows.) The figures to the right of the slashes are the relevant values. I don't much mind whether or not God exists; the important thing is that I get it right; so the value in each of these cases is $+10^2$. (Perhaps one's preferences here might not be exactly the same, but it doesn't matter too much, as we shall see.) Believing, when God doesn't exist, is a minor inconvenience, so gets the value -10. Not believing, when God does exist, is really bad, though. It gets the value -10^6.

Given these values, we can compute the relevant expectations:

$$E(b) = 0.1 \times 10^2 + 0.9 \times (-10) \simeq 0$$
$$E(\neg b) = 0.1 \times (-10^6) + 0.9 \times 10^2 \simeq -10^5$$

($\simeq$ means 'is approximately equal to'.) I should choose whichever action has the greater expectation, which is to believe.

You may think that the precise values I have chosen are somewhat artificial; and so they are. But in fact, the precise values don't really matter too much. The important one is the -10^6. This figure represents something that is really bad. (Sometimes, a decision theorist might write this as $-\infty$.) It is so bad that it will swamp all the other figures, even if the probability of God's existence is very low. That is the punch in Pascal's Wager.

The Wager might look fairly persuasive, but in fact it makes a rather simple decision-theoretic error. It omits some relevant possibilities. There is not just one possible god, there are many: a Christian god (God), Islam's Allah, Hinduism's Brahman, and lots more that various minor religions worship. And a number of these are very jealous gods. If God exists, and you don't believe, you are in trouble; but if Allah exists and you don't believe, you are equally in trouble; and so on. Moreover, if God exists, and you believe in Allah – or vice versa – this is even worse. For in both Christianity and Islam, believing in false gods is worse than being a simple non-believer.

Let's draw up a table with some more realistic information.

	No God exists	God exists	Allah exists	...
No belief (n)	$0.9 \backslash +10^2$	$0.01 \backslash -10^6$	$0.01 \backslash -10^6$	...
Believe in God (g)	$0.9 \backslash -10$	$0.01 \backslash +10^2$	$0.01 \backslash -10^9$	...
Believe in Allah (a)	$0.9 \backslash -10$	$0.01 \backslash -10^9$	$0.01 \backslash +10^2$	...
⋮	⋮	⋮	⋮	

If we compute the expectations on even this limited amount of information, we get:

$$E(n) = 0.9 \times 10^2 + 0.01 \times (-10^6) + 0.01 \times (-10^6) \simeq -2 \times 10^4$$
$$E(g) = 0.9 \times (-10) + 0.01 \times 10^2 + 0.01 \times (-10^9) \simeq -10^7$$
$$E(a) = 0.9 \times (-10) + 0.01 \times (-10^9) + 0.01 \times 10^2 \simeq -10^7$$

Things are looking pretty bleak all round. But it is clear that theistic beliefs are coming off worst. You shouldn't have any of them.

Let me end, as I have ended all the chapters, with some reasons as to why one might be worried about the general framework deployed — specifically, in this case, the policy of deciding according to the greatest expectation. There are situations where this definitely seems to give the wrong results.

Let's suppose you take the wrong gamble on Pascal's Wager, and end up in Hell. After a few days, the Devil appears with an offer. God has commanded that you be shown some mercy. So the Devil has hatched a plan. He will give you one chance to get out of Hell. You can toss a coin; if it comes down heads, you are out and go to Heaven. If it comes down tails, you stay in Hell forever. The coin is not a fair one, however, and the Devil has control of the odds. If you toss it today, the chance of heads is 1/2 (i.e., 1–1/2). If you wait till tomorrow, the chances go up to 3/4 (i.e., $1-1/2^2$). You sum up the information:

	Escape	Stay in Hell
Toss today (*d*)	$0.5\backslash +10^6$	$0.5\backslash -10^6$
Toss tomorrow (*m*)	$0.75\backslash +10^6$	$0.25\backslash -10^6$

Escaping has a very large positive value; staying in Hell has a very large negative value. Moreover, these values are the same today as tomorrow. It is true that if you wait till tomorrow, you might have to spend an *extra* day in Hell, but one day is negligible compared with the infinite number of days that are to follow. Then you do the calculations:

13. A devilish plan: never do today what you should put off until tomorrow

$$E(d) = 0.5 \times 10^6 + 0.5 \times (-10^6) \quad = 0$$
$$E(m) = 0.75 \times 10^6 + 0.25 \times (-10^6) = 0.5 \times 10^6$$

So you decide to wait till tomorrow.

But tomorrow the Devil comes to you and says that if you wait one more day, the odds will get even better: they will go up to 7/8 (i.e., $1 - 1/2^3$). I will let you do the calculations: you should decide to wait till the next day. The trouble is that *every* day the Devil comes to you and offers you better odds if you will wait till the next day. The odds get better, day by day, as follows:

$$1-1/2, 1-1/2^2, 1-1/2^3, 1-1/2^4, \ldots, 1-1/2^n, \ldots$$

Every day you do the calculation. The expectation of tossing on the *n*th day is:

$$(1-1/2^n) \times 10^6 + 1/2^n \times (-10^6)$$

A little arithmetic tells us that this is $10^6 \times (1-2/2^n) = 10^6 \times (1-1/2^{n-1})$. The expectation for waiting till the next, $n+1$st, day is the same, with n replaced by $n+1$. That is, $10^6 \times (1-1/2^n)$ – which is larger. ($1/2^n$ is smaller than $1/2^{n-1}$.) Every day, the expectation goes up.

Hence, every day you do the rational thing and wait till the next day. The result is that you never toss the coin at all, so you stay in Hell for ever! Tossing on *any* day has to be better than that. So it looks as though the only rational thing to do is to be irrational!

Main Ideas of the Chapter

- $E(a) = pr(o_1) \times V(o_1) + \ldots + pr(o_n) \times V(o_n)$, where $o_1, \ldots, o_n$ state all the possible outcomes that might result from *a* being true.
- The rational action is the one which makes true the statement with the greatest expectation.

Chapter 14
A Little History and Some Further Reading

The ideas that we have been looking at in this book were developed at various different times and places. In this chapter I will describe the history of logic, and locate the ideas in their historical context. I will first outline briefly the history of logic in general; then I will go through, chapter by chapter, and explain how the details fit into the bigger picture.

As we go along, I will also give some further reading, where you can follow up a number of the issues if you wish. This is not as easy as might be thought. By and large, logicians, philosophers, and mathematicians prefer to write for each other. Finding things written for relative beginners is not easy, but I have done my best.

In Western intellectual history, there have been three great periods of development in logic, with somewhat barren periods sandwiched between them. The first great period was ancient Greece between about 400 BCE and 200 BCE. The most influential figure here is Aristotle (384–322), whom we met in Chapter 6. Aristotle developed a systematic theory of inferences called 'syllogisms', which have the form:

All [some] *A*s are [are not] *B*s.
All [some] *B*s are [are not] *C*s.
So, all [some] *A*s are [are not] *C*s.

Aristotle lived in Athens much of his life, founded a school of philosophy called the Lyceum, and is usually reckoned to be the founder of logic. But at about the same time, there was another flourishing school of logic in Megara, about 50km west of Athens. Less is known about the Megarian logicians, but they seem to have been particularly interested in conditionals, and also in logical paradoxes. Eubulides (whom we met in Chapters 5 and 10) was a Megarian. Another important philosophical movement started in Athens around 300 BCE. It was called Stoicism, after the porch (Greek, 'stoa') where early meetings were held. Though the philosophical concerns of Stoicism were much wider than logic, logic was an important one of them. It is generally supposed that Megarian logic exerted an influence on the Stoic logicians. At any rate, a major concern of Stoic logicians was the investigation of the behaviour of negation, conjunction, disjunction, and the conditional.

It should also be mentioned that at around the same time as all this was happening in Greece, theories of logic were being developed in India, principally by Buddhist logicians. Important as these theories are, though, they never developed to the sophisticated levels to which logic developed in the West.

The second growth period in Western logic was in the medieval European universities, such as Paris and Oxford, from the 12th to the 14th centuries. The medieval logicians included such notables as Duns Scotus (1266–1308) and William of Ockham (1285–1349), and they systematized and greatly developed the logic that they inherited from ancient Greece. After this period, logic largely stagnated till the second half of the 19th century, the only bright spot on the horizon during this period being Leibniz (1646–1716), whom we met in Chapters 6 and 9. Leibniz anticipated some of the modern developments in logic, but the mathematics of his day was just not up to allowing his ideas to take off.

The development of abstract algebra in the 19th century provided just what was required, and triggered the start of the third, and possibly the greatest, of the three periods. Radically new logical ideas were developed by thinkers such as Frege (1848–1925) and Russell (1872–1970), whom we met in Chapters 2 and 4, respectively. The logical theories developing from this work are normally referred to as *modern logic*, as opposed to the *traditional logic* that preceded it. Developments in logic continued apace throughout the 20th century, and show no sign of slowing down yet.

A standard history of logic is Kneale and Kneale (1975). This is a little dated now, and is characterized by more optimism than is perhaps justified, in its attitude that early modern logicians had finally got everything pretty much right; but it is still an excellent reference work.

* * *

Chapter 1. The distinction between deductive and inductive validity goes back to Aristotle. Theories of deductive validity have been articulated since that time. The view described in Chapter 1 — that an inference is deductively valid just if the conclusion is true in any situation where its premisses are true — can be traced back, arguably, to medieval logic; but its articulation is a central part of modern logic. A warning: what I have called a *situation* is more commonly called an *interpretation*, *structure*, or sometimes, *model*. The word 'situation' itself has a different, and technical, sense in one area of logic. Lewis Carroll (whose real name was Charles Dodgson) was no mean logician himself, and published a number of works on traditional logic.

Chapter 2. The argument to the effect that contradictions imply everything is a medieval invention. Exactly who invented it is unclear, but it is certainly to be found in Scotus. The truth-functional understanding of negation, conjunction and disjunction itself seems to have arisen in the Middle Ages. (The Stoic account was not truth-functional in the modern sense.) In its fully articulated form, it appears in the founders of modern logic, Frege and Russell. A modern dissident is Strawson (1952, ch. 3).

Chapter 3. The distinction between names and quantifiers is largely a creature of modern logic. Indeed, the analysis of quantifiers is often reckoned to be a defining moment in modern logic. It was provided by Frege, and later taken up by Russell. At around the same time, the US philosopher and logician, C. S. Peirce, was developing similar ideas. $\exists x$ is often called the *existential* quantifier; but this terminology smuggles in a somewhat contentious theory of existence. Lewis Carroll's works on *Alice* are replete with philosophical jokes. For an excellent commentary on them, see Heath (1974). For many of Heath's own jokes about nothing, see Heath (1967).

The theories explained in Chapters 1–3 can be found in any standard modern logic text. Hodges (1977) is one that is not pitched at too formidable a level; neither is Lemmon (1971).

Chapter 4. The isolation of descriptions as an important logical category is also something to be found only in modern logic. Perhaps the most famous analysis of them was given by Russell in 1905. The account given in this chapter is not Russell's, but it is very close in spirit. Descriptions are discussed in some, but not all, standard modern logic texts. Hodges (1977) has a good clear account.

Chapter 5. Various different versions of the liar paradox can be found in ancient Greek philosophy. More paradoxes of self-reference were invented and discussed throughout medieval logic. Even more were discovered around the turn of the 20th century — and this time at the very core of mathematics itself. Since then, they have become a very central issue in logic. Suggestions for solving them are legion. The idea that there might be some sentences that are neither true nor false goes back to Aristotle (*De Interpretatione*, ch. 9); however, he would have had no sympathy with the symmetric idea that some sentences might be both true and false. That there might be such sentences, and that paradoxical sentences might be amongst them, is an unorthodox view that has been advanced by some logicians in the last 40 years. Discussions of the paradoxes of self-reference tend to get very technical very fast. Good introductory discussions can be found in Read (1994, ch. 6) and Sainsbury (1995, chs. 5, 6). The whole area remains highly contentious.

Chapter 6. The study of inferences involving modal operators goes back to Aristotle, and was continued in the Middle Ages. The modern investigations were started by the US philosopher C. I. Lewis, roughly between 1915 and 1930. The notion of a possible world is to be found in Leibniz, but the way it is applied in this chapter is due largely to another US philosopher, Saul Kripke, who produced the ideas in the 1960s. A standard introduction to the area is Hughes and Cresswell (1996); but you are unlikely to get much out of this before you have mastered an introductory logic book of a more standard kind. Aristotle's argument for fatalism comes from *De Interpretatione*, ch. 9. He thought it fallacious, though not for the reasons given in this chapter. A reasonably accessible discussion of it can be found in Haack (1974, ch. 3). The argument with which the chapter finishes is a version of the 'Master Argument' put forward by the Megarian logician Diodorus Cronus.

Chapter 7. Debate about the nature of conditionals goes back to the Megarians and Stoics, who produced a number of different theories. The issue was also widely discussed in the Middle Ages. The idea that the conditional is truth-functional is one of the Megarian views. It was endorsed in early modern logic by Frege and Russell. The account given in this chapter can certainly be found in medieval logic; in its modern form, it is due to C. I. Lewis, who developed modal logic around it. The notion of conversational implicature is due to the British philosopher Paul Grice in the 1970s (though he used it in defence of the material conditional). The nature of conditionals remains highly contentious. Read (1994, ch. 3) is a readable introduction, as is Part 1 of Sanford (1989).

Chapter 8. Temporal reasoning is discussed by a number of medieval logicians. The approach described in this chapter was invented largely by the New Zealand logician Arthur Prior in the 1960s, inspired by developments in modal logic. A readable account of the subject can be found in Øhrstrøm and Hasle (1995). McTaggart's argument appeared originally in 1908, though his presentation is somewhat different from mine. My presentation follows Mellor (1981, ch. 7).

Chapter 9. The distinction between the *is of identity* and the *is of predication* goes back to Plato (Aristotle's teacher) in ancient Greek philosophy. The origin of the account of identity I have given here is uncertain. The thought that you can substitute equals for equals is to be found in Euclid (*c.* 300 BCE). Something like the account given here can be found in Ockham, and certainly in Leibniz. In its modern form, it is to be found in Frege and Russell. There are presentations in most standard modern logic texts, such as Hodges (1977) and Lemmon (1971). Puzzles about identity are legion in philosophy. The one with which the chapter ends is due, as far as I know, to Prior.

Chapter 10. Sorites problems go back to Megarian logic. The problem with which the chapter starts is a version of one called the *Ship of Theseus*, a ship which was, supposedly, rebuilt plank by plank. As far as I know, the example is first used by the 17th-century English philosopher, Thomas Hobbes, in the section *De Corpore* of his *Elements of Philosophy*. Intense investigation of problems of this kind is largely a feature of the last 30 years. The logical details described in this chapter were developed initially by the Polish logician Jan Łukasiewicz (pronounced *Woo/ka/zye/vitz*) in the 1920s, quite independently of worries about vagueness. (He was motivated initially by Aristotle's argument about fatalism.) Good discussions of vagueness can be found in Read (1994, ch. 7) and Sainsbury (1995, ch. 2). A much lengthier introduction is Williamson (1994).

Chapter 11. Historically, inductive validity is quite under-developed, compared with deductive validity. Probability theory was developed in the 18th century, in connection with games of chance, largely by French-speaking mathematicians, such as Pierre de Laplace and members of the prodigious Bernoulli family. The idea of applying it to inductive inference is due mainly to the German logician Rudolph Carnap in the 1950s. There are many notions of probability. The one described in this chapter is usually called the *frequency interpretation*. A good introduction to the whole area is Skyrms (1975).

Chapter 12. Investigations of the connection between inverse probabilities go back to the 18th-century British mathematician, Thomas Bayes. The connection described in this chapter is often (incorrectly) called Bayes' Theorem. Problems concerning the Principle of Indifference also go back to the origins of probability theory. A standard introduction to reasoning of this kind is Howson and Urbach (1989); but this is not a book for those with a fear of mathematics.

Chapter 13. Decision theory also has its roots in the investigations of probability theory of the 18th century, but became a serious business in the 20th century, with many important applications being found in economics and game theory. A good introduction is Jeffrey (1985), though, again, this book is not for those with a fear of mathematics. The problem with which the chapter ends comes from Gracely (1988).

Many of the arguments we have met in this book concern God, one way or another. This is not because God is a particularly logical topic. It is just that philosophers have had a long time to come up with interesting arguments concerning God. In Chapter 3, we met the Cosmological Argument. Perhaps the most famous version of this was proposed by the medieval philosopher Thomas Aquinas. (His version is much more sophisticated than the argument of Chapter 3, and does not suffer from the problem pointed out there.) The Ontological Argument for the existence of God was proposed by the medieval philosopher Anselm of Canterbury. The version given in Chapter 4 is essentially due to the 17th-century philosopher René Descartes in his *Fifth Meditation*. Biological versions of the Argument to Design were popular in the 19th century, but were destroyed by the Theory of Evolution. Cosmological versions, of the kind given in Chapter 12, became very popular in the 20th century. A good little reference work on arguments for the existence of God is Hick (1964).

* * *

There is, of course, much more to the history of logic than the above details tell. Likewise, there is much to logic itself that is entirely absent from this book. We have been skating over the surface of logic. It has great depths and beauty that one could not even begin to convey in a book of this kind. But many of the great logicians of the past became engaged with the subject because of exactly the sorts of considerations and problems that this book discusses. If they have engaged you too, I can ask no more.

Glossary

The following glossary contains the terms of art and logical symbols that are employed in this book. The entries are not meant to be precise definitions, but are meant to convey the main idea for quick reference. By and large, the terms and symbols are reasonably standard, though there are several other sets of symbols that are also in common use.

antecedent: what follows the 'if' in a conditional.

conclusion: the part of an inference for which reasons are given.

conditional: if . . . then . . .

conditional probability: the probability of some statement, given some other information.

conjunction: . . . and . . .

conjuncts: the two sentences involved in a conjunction.

consequent: what follows the 'then' in a conditional.

conversational implicature: an inference, not from what is said, but from the fact that it is said.

decision theory: the theory of how to make decisions under conditions of uncertain information.

deductive validity: an inference is deductively valid when the premisses cannot be true without the conclusion also being true.

(definite) description: a name of the form 'the thing with such and such properties'.

disjunction: either . . . or . . .

disjuncts: the two sentences involved in a disjunction.

expectation: the result of taking each possible outcome, multiplying its value by its probability, and adding all the results together.

fuzzy logic: a kind of logic in which sentences take truth values that may be any number between 0 and 1.

inductive validity: an inference is inductively valid when the premisses provide some reasonable ground for the conclusion, though not necessarily a conclusive one.

inference: a piece of reasoning, where premisses are given as reasons for a conclusion.

inverse probability: the relationship between the conditional probability of *a* given *b*, and of *b* given *a*.

'is' of identity: . . . is the same object as . . .

'is' of predication: part of a predicate indicating the application of the property expressed by the rest of it.

Leibniz's Law: if two objects are identical, any property of one is a property of the other.

liar paradox: 'This sentence is false'.

material conditional: not both (. . . and not . . .).

modal operator: a phrase attaching to a sentence, to form another sentence expressing the way in which the first sentence is true or false (possibly, necessarily, etc.).

modern logic: the logical theories and techniques arising out of the revolution in logic around the turn of the 20th century.

modus ponens: the form of inference $a, a \rightarrow c / c$.

name: grammatical category for a word that refers to an object (all being well).

necessity: it must be the case that . . .

negation: it is not the case that . . .

particular quantifier: something is such that . . .

possibility: it may be the case that . . .

possible world: a situation associated with another, *s*, where things actually are as they merely might be in *s*.

predicate: for the grammatically simplest kind of sentence, the part which expresses whatever is said about what the sentence is about.

premisses: the part of an inference that gives reasons.

Principle of Indifference: given a number of possibilities, with no relevant difference between them, they all have the same probability.

prior probability: the probability of some statement before any evidence is taken into account.

probability: a number between 0 and 1, measuring how likely something is.

proper name: a name that is not a description.

quantifier: a word or phrase that can be the subject of a sentence, but which does not refer to an object.

reference class: the group of objects from which probability ratios are computed.

Russell's paradox: concerns the set of all sets that are not members of themselves.

self-reference: a sentence about a situation which reflects back on itself.

situation: a state of affairs, maybe hypothetical, in which premisses and conclusions may be true or false.

sorites paradox: a kind of paradox involving repeated applications of a vague predicate.

subject: for the grammatically simplest kind of sentence, the part which tells you what the sentence is about.

syllogism: a form of inference with two premisses and a conclusion, a theory of which was first produced by Aristotle.

tense: past, present or future.

tense operator: a phrase attaching to a sentence, to form another sentence expressing when the first sentence is true or false (past or future).

traditional logic: logical theories and techniques that were employed before the 20th century.

truth conditions: sentences that spell out how the truth value(s) of a sentence depend(s) on the truth values of its components.

truth function: a logical symbol which, when applied to sentences to give a more complex sentence, is such that the truth value of the compound is completely determined by the truth value(s) of its component(s).

truth table: a diagram depicting truth conditions.

truth value: true (*T*) or false (*F*).

universal quantifier: everything is such that . . .

vagueness: a property of a predicate expressing the idea that small changes in an object make no difference to the applicability of the predicate.

valid: applies to an inference in which the premisses really do provide a reason of some kind for the conclusion.

Symbol	Meaning	Name
T	true (in a situation)	truth values
F	false (in a situation)	
$\vee$	either . . . or . . .	disjunction
&	. . . and . . .	conjunction
$\neg$	it's not the case that . . .	negation
$\exists x$	some object, *x*, is such that . . .	particular quantifier
$\forall x$	every object, *x*, is such that . . .	universal quantifier
ιx	the object, *x*, such that . . .	description operator
$\Box$	it must be the case that . . .	modal operators
$\Diamond$	it may be the case that . . .	
$\rightarrow$	if . . . then . . .	conditional
$\supset$	not both (. . . and not . . .)	material conditional
P	it was the case that . . .	tense operators
F	it will be the case that . . .	
H	it has always been the case that . . .	
G	it will always be the case that . . .	
$=$	. . . is the same object as . . .	identitity
$<$	. . . is less than . . .	
$\leq$	. . . is less than or equal to . . .	
$\vert \ldots \vert$	the number which is the truth value of . . .	
Max	the greater of . . . and . . .	
Min	the lesser of . . . and . . .	
pr	the probability that . . .	
$pr(\ldots \vert \ldots)$	the probability that . . . given that . . .	conditional probablity
E	the expectation of its being the case that . . .	
V	the value of its being the case that . . .	
$\simeq$	. . . is approximately equal to . . .	

Problems

For each of the main chapters of the book, the following gives an exercise whereby you can test your understanding of the contents of that chapter. Solutions to the problems can be found at the website with the following address:

www.oup.co.uk/vsi/logic

Chapter 1 Is the following inference deductively valid, inductively valid, or neither? Why? *José is Spanish; most Spanish people are Catholics; so José is Catholic.*

Chapter 2 Symbolize the following inference, and evaluate its validity. *Either Jones is a knave or he is a fool; but he is certainly a knave; so he is not a fool.*

Chapter 3 Symbolize the following inference, and evaluate its validity. *Someone either saw the shooting or heard it; so either someone saw the shooting or someone heard it.*

Chapter 4 Symbolize the following inference, and evaluate its validity. *Everyone wanted to win the prize; so the person who won the race wanted to win the prize.*

Chapter 5 Symbolize the following inference, and evaluate its validity. *You made an omelette, and you don't make an omelette and not break an egg; so you broke an egg.*

Chapter 6 Symbolize the following inference, and evaluate its validity.

It's impossible for pigs to fly, and it's impossible for pigs to breathe under water; so it must be the case that pigs neither fly nor breathe under water.

Chapter 7 Symbolize the following inference, and evaluate its validity. *If you believe in God, then you go to church; but you go to church; so you believe in God.*

Chapter 8 Symbolize the following inference, and evaluate its validity. *It has always rained, and it always will rain; so it's raining now.*

Chapter 9 Symbolize the following inference, and evaluate its validity. *Pat is a woman, and the person who cleaned the windows is not a woman; so Pat is not the person who cleaned the windows.*

Chapter 10 Symbolize the following inference, and evaluate its validity, where the level of acceptability is 0.5. *Jenny is clever; and either Jenny is not clever or she is beautiful; so Jenny is beautiful.*

Chapter 11 The following set of statistics was collected from ten people (called 1–10).

	1	2	3	4	5	6	7	8	9	10
Tall	✓		✓		✓				✓	
Wealthy	✓		✓		✓		✓	✓		
Happy	✓	✓		✓	✓			✓	✓	

If *r* is a randomly chosen person in this collection, assess the inductive validity of the following inference. *r is tall and rich; so r is happy.*

Chapter 12 Suppose there are two illnesses, *A* and *B*, that have exactly the same observable symptoms. 90% of those who present with the symptoms have illness *A*; the other 10% have illness *B*. Suppose, also, that there is a pathology test to distinguish between *A* and *B*. The test gives the correct answer 9 times out of 10.

1. What is the probability that the test, when applied to a randomly chosen person with the symptoms, will say that they have illness *B*? (Hint: consider a typical sample of 100 people with the symptoms, and work out how many the test will say to have illness *B*.)

2. What is the probability that someone with the symptoms has illness *B*, given that the test says that they do? (Hint: you have to use the first question.)

Chapter 13 You hire a car. If you do not take out insurance, and you have an accident, it will cost you $1,500. If you take out insurance, and have an accident, it will cost you $300. The insurance costs $90, and you estimate that the probability of an accident is 0.05. Assuming that the only considerations are financial ones, should you take out the insurance?

2) What is the probability that someone with the symptoms has illness B, given that the test says that they do? (Hint: you have to use the first equation.)

Example 13 You hire a car. If you do not take out insurance, and you have an accident, it will cost you $1,000. If you take out insurance and have an accident, it will cost you $50. The insurance costs $90, and you estimate that the probability of an accident is 0.05. Assuming that the only considerations are financial ones, should you take out the insurance?

Bibliography

Gracely, E. J. 'Playing Games with Eternity: the Devil's Offer', *Analysis* 48 (1988), p. 113.

Haack, S. *Deviant Logic* (Cambridge: Cambridge University Press, 1974).

Heath, P. 'Nothing', pp. 524–5, Vol. 5, of P. Edwards (ed.), *Encyclopedia of Philosophy* (London: Macmillan, 1967).

Heath, P. *The Philosopher's Alice* (New York, NY: St. Martin's Press, 1974).

Hick, J. *Arguments for the Existence of God* (London: Collier-Macmillan Ltd., 1964).

Hodges, W. *Logic* (London: Penguin Books, 1977).

Howson, C. and Urbach, P. *Scientific Reasoning: the Bayesean Approach* (La Salle, IL: Open Court, 1989).

Hughes, G. E. and Cresswell, M. *A New Introduction to Modal Logic* (London: Routledge, 1996).

Jeffrey, R. *The Logic of Decision* (Chicago: University of Chicago Press, 2nd edition, 1983).

Lemmon, E. J. *Beginning Logic* (London: Thomas Nelson and Sons Ltd., 1971).

Kneale, W. and M. *The Development of Logic* (Oxford: Clarendon Press, 1975).

Mellor, D. H. *Real Time* (Cambridge: Cambridge University Press, 1981. 2nd edition, London: Routledge, 1998).

Øhrstrøm, P. and Hasle, P. F. V. *Temporal Logic: from Ancient Ideas to Artificial Intelligence* (Dordrecht: Kluwer Academic Publishers, 1995).

Read, S. *Thinking about Logic: an Introduction to the Philosophy of Logic* (Oxford: Oxford University Press, 1994).
Sainsbury, R. M. *Paradoxes* (Cambridge: Cambridge University Press, 2nd edition, 1995).
Sanford, D. H. *If P then Q: Conditionals and the Foundations of Reasoning* (London: Routledge, 1989).
Skyrms, B. *Choice and Chance* (Encino, CA: Dickenson Publishing Co., 1975).
Strawson, P. *Introduction to Logical Theory* (London: Methuen & Co., 1952).
Williamson, T. *Vagueness* (London: Routledge, 1994).

“牛津通识读本”已出书目

古典哲学的趣味
人生的意义
文学理论入门
大众经济学
历史之源
设计，无处不在
生活中的心理学
政治的历史与边界
哲学的思与惑
资本主义
美国总统制
海德格尔
我们时代的伦理学
卡夫卡是谁
考古学的过去与未来
天文学简史
社会学的意识
康德
尼采
亚里士多德的世界
西方艺术新论
全球化面面观
简明逻辑学
法哲学：价值与事实
政治哲学与幸福根基
选择理论
后殖民主义与世界格局
福柯
缤纷的语言学
达达和超现实主义
佛学概论
维特根斯坦与哲学
科学哲学
印度哲学祛魅
克尔凯郭尔
科学革命
广告
数学
叔本华
笛卡尔
基督教神学
犹太人与犹太教
现代日本
罗兰·巴特
马基雅维里
全球经济史
进化
性存在
量子理论
牛顿新传
国际移民
哈贝马斯
医学伦理
黑格尔
地球
记忆
法律
物质
托克维尔
休谟
分子
法国大革命
抑郁症
民族主义
科幻作品
罗素
美国政党与选举
美国最高法院
纪录片
大萧条与罗斯福新政
领导力
无神论
罗马共和国
美国国会
民主
英格兰文学
现代主义
网络
自闭症
德里达
浪漫主义

批判理论
德国文学
戏剧
腐败
医事法
癌症
植物
法语文学
微观经济学
拜占庭
司法心理学
发展
农业
特洛伊战争
巴比伦尼亚
河流
战争与技术
品牌学
数学简史
物理学
国际法
计算机
亚当·斯密
代数
天体生物学
数理金融学
古埃及艺术与建筑
现代印度
湖泊
儿童心理学
时装
现代拉丁美洲文学
卢梭
隐私
电影音乐
传染病
希腊化时代
知识
环境伦理学
美国革命
元素周期表
人口学
社会心理学
动物
项目管理
美学
管理学
卫星
学习
化学
天体物理学
意大利文学
海洋生物学
贝多芬
现代巴西
电影
俄罗斯文学
古典文学
大数据
洛克
幸福
免疫系统
银行学
景观设计学
神圣罗马帝国
大流行病
亚历山大大帝
气候
第二次世界大战
中世纪
工业革命
传记
公共管理
社会语言学
行为经济学
计算机科学
儒家思想
未来
基因
恒星
海洋
园林史